잔고 □ 원

아직
늦지 않은
재테크

CHOKIN 0EN SEIKATSU !

©SATORU YAOTOME 2021

Originally published in Japan in 2021 by Clover Publishing, TOKYO.

Korean Characters translation rights arranged with Clover Publishing, TOKYO.

through TOHAN CORPORATION, TOKYO and Danny Hong Agency, SEOUL.

잔고 0원 아직 늦지 않은 재테크

지은이 야오토메 사토루(八乙女 暁)

옮긴이 조미량

펴낸이 이규호

펴낸곳 북스토리지

초판 1쇄 인쇄 2021년 12월 10일

초판 1쇄 발행 2022년 1월 3일

출판신고 제2021-000024호

10874 경기도 파주시 청석로 256 교하일번가빌딩 605호

E-mail b-storage@naver.com

Blog blog.naver.com/b-storage

ISBN 979-11-975178-0-8 03320

재테크 전에 꼭 읽어야 할 '돈'의 철학 입문서

잔고 ☐ 원

아직
늦지 않은
재테크

야오토메 사토루 지음 | **조미량** 옮김

본문 중 돈의 액수나 수치에 해당하는 것은 원화로 가장 근접하게 바꿔 표기하였으며, 원서에서 일부 일본 상황에만 해당하는 내용은 수정, 삭제하였음을 밝힙니다.

저자의 아래 내용의 동영상은 아래의 QR 코드를 이용하여 직접 시청할 수 있습니다.
❶ 돈, 통장 잔액에서 자유로워지다!
❷ 노후, 재난, 빚... 인생의 3대 불안을 떨쳐라!
❸ 희망의 시대에 요구되는 자산 설계란?
❹ 자산 설계로 행복을 손에 넣을 수 있는 세 가지 비결이란?

또 자세한 해설을 원하시는 분은 하단 URL로 문의해 주기 바랍니다.
https://midas-minds.com

머리말

"돈에 사로잡혀 자유가 없이 인생을 잃어버린 사람들이
너무 많다…….
　그렇다면 돈이나 통장(=저금) 같은 건 이제 집어치워
라!"

　이것이 이 책의 큰 주제이다.
　"뭐라고? 왜 그 귀중한 돈이나 통장을 버리라고 하지?"
라며 의아해하는 사람이 많을지 모른다.
　그러나 돈이나 통장 잔고는 시작에 불과하다. 사실 자유
를 얻기 위해서는 버려야 할 것이 많다.

'쓸데없는 지출, 갖고 있는 물건', '회사 월급, 지위', 그리고 '쓸데없는 투자'에 이르기까지, 자유롭고 이상적인 삶을 살아가는 데 방해가 되는 것을 하나씩 버려야 한다!

대부분이 무의식적으로 돈에 너무 집착하거나 늘리는 데만 신경을 쓴다.

그러다 보니 원래는 자유롭게 써야 되는 시간이나 돈을 제대로 쓸 수 없게 되었다.

돈이나 통장 잔고가 충분하지 않은 것이 아니라, 그것에 사로잡혀 버려서 생각이 자유로울 수 없는 것이다. 이 사실을 깨닫는 것이 이 책의 큰 목적 중 하나다.

돈이나 통장으로부터 해방되려면 올바른 돈 취급법을 알아두는 것도 매우 중요하다. 대부분의 사람들이 모르는 그와 관련된 간단한 규칙도 이 책에 담았다.

구체적으로 큰 기둥인 '자산 형성', 그리고 착실하게 자산 형성을 뒷받침하는 '가계 개선', '부업', '빚 활용법'도 언급하려고 한다.

자산 형성이나 투자에 관심이 있는 사람도 '뭐야, 이렇게 쉽다고? 나도 할 수 있겠는걸!'이라고 느낄 것이다.

나 자신도 실제로 인생에서 필요 없다 생각하는 것은 과감히 버리고 나에게 있어 정말로 필요한 것을 알게 된 후, 불과 30살에 조기 은퇴를 결행할 수 있었다. 월급쟁이 시절의 격무로 인한 속박된 생활에서 벗어나 돈, 시간, 장소를 자유롭게 사용하며 아내와 딸과 함께 행복한 생활을 보낼 수 있게 되었다.

이 책에 담긴 나의 경험이 여러분이 꿈꾸는 라이프 스타일과 돈을 모두 손에 넣는 데 도움이 된다면 더할 나위 없이 기쁠 것이다.

여러분의 돈과 관련된 생각을 이제 바꾸어보자!

차례

제1장
통장 잔고에서 자유로워지다!

많은 사람들이 소중히, 정말 간절히 늘리려는 통장 잔고!
하지만 그것은 무엇을 위한 것인가? 통장 잔고는
결국은 단순한 숫자에 지나지 않는다.
숫자에 가치를 부여하는 것은 돈을 사용하는 목적이다.
목적 없이 막연히 통장 잔고를 늘리면 숫자가 줄어도
불안하고 늘어도 불안하다.
그런 일상에서 해방되자!

1 '막연한 불안'에 대비하는 예금,
적금은 정말로 필요한가?

저축은 필요한가?

이 물음에 많은 사람이 '당연히 필요하지.'라고 대답할 것이다.

그럼 왜 필요한지 생각해 보자.

자녀를 대학까지 보내는 비용을 위해?

내 집을 마련하기 위해?

5년 후로 계획하고 있는 세계 일주 여행을 위해?

모두 좋다! 목적이 있고 그걸 위해 돈이 필요한 것이다. 사실 그 만큼의 돈은 모아두긴 해야 한다.

하지만 지금까지 여러 사람의 자산 형성 상담을 해온

바로는 대부분의 사람에게서 그러한 명확한 목적을 들어본 적이 거의 없다.

가장 많이 들었던 말이 '무슨 일이 있을 때를 위해서'이다. 즉, '막연한 불안' 때문에 부지런히 저축하는 사람이 많은 게 사실이다. 하지만 저축의 목적이 막연하기 때문에 얼마까지 모으면 안심이 되는지도 모른다.

그러면 아무리 돈을 모아도 불안하며, 애써 모아도 그 돈을 제대로 활용할 수가 없는 최악의 상황이 벌어지게 된다.

도대체 돈이란 게 무엇인가? 그것을 이해하지 못하면 통장 잔고가 계속 신경이 쓰여 자유롭게 살아갈 수 없다.

종이에 단지 만 원 또는 천 원 같은 역할을 부여받은 돈이 그렇게 가치가 있을까? 또한 돈이 '노동의 대가'라고 생각하는 사람도 많겠지만, 정말로 노동의 대가로서만 돈을 얻을 수 있는 것일까?

잘 생각해 보면, 우리는 돈의 이미지에 얽매여 있는 것이 아닐까?

생활에 필요한 것을 직접 얻거나 가족이나 동료와 함께 만들었던 아주 옛날에는 자산이라는 개념이 없어도 행복하게 살았었다.

단지 일상생활에 필요한 것을 손쉽게 얻기 위해 동전이나 지폐가 사용되기 시작했을 뿐이다. 그러니까, 돈은 '기재된 만큼의 가치가 있다'는 '정보'에 지나지 않다. 그리고 통장 잔고도 단순한 숫자 정보에 불과하다.

이것이 돈의 본질이다. 이렇듯 돈이 한없이 '애매한 개념'이라는 것을 이해하면, 단지 통장 잔고의 숫자를 늘리는 것이 바보 같다는 것을 알 수 있다.

돈은 기재된 가치 정보가 무엇인가와 교환되었을 때 처음으로 의미를 가진다. 그래서 목적이 분명한 저축은 의미가 있지만 '막연한 불안'에 대비하는 저축은 전혀 의미가 없다.

일단 '돈은 많으면 많을수록 좋아! 돈이 만능이야!'라고 생각하는 동안에는 돈을 제대로 쓸 수 없다. 억만장자가 되겠다고 간절히 원하며 돈에 집착하는 사람일수록 억만장자로부터 멀어져 가는 경우를 여러 번 보았다.

　나 또한 '돈이란 무엇인가'의 의미를 이해하고 통장 잔고는 숫자 정보에 불과하다는 것을 이해하는 데 시간이 꽤 걸렸다. 하지만 한번 이해하고 나자 시시한 불안이 극적으로 사라졌고 보이는 세계가 달라졌다.

2 무슨 일이 일어날 때는 어떻게 해?
그런데 의외로 괜찮아!

    사람들이 갑자기 생각을 바꾸는 것은 어려우며 '막연한 불안'을 느끼는 것 또한 지극히 당연하다. 아무것도 걱정하지 않고 사는 사람은 드물고, 그런 사람이 있다면 그들은 진정으로 행복한 인종이다.

    그럼 이 '막연한 불안'을 불러일으키는 '무슨 일이 일어날 때'를 생각해 보자.

    가장 일반적으로 생각할 수 있는 '무슨 일이 일어날 때'란, 예를 들면 큰 병이나 상해를 입었을 때나, 재해를 당했을 때, 가족을 간병해야 할 때 등 사정이 생겨 일을 할 수 없을 때일 것이다.

실제로 내가 컨설팅한 고객들도 이러한 불안을 호소했다.

하지만 '그런 것을 걱정할 필요가 있는가?' 하는 의문이
든다.

우선 큰 병에 걸리거나 상해를 입어도, '국민의료보험
제도'가 있어 의료비 부담이 크지 않다. 기본적으로 거의
모든 국민이 기본 의료보험증을 가지고 있으며, 자유롭게
어느 의료기관에서나 진료를 받을 수 있다.

'큰 병에 걸려서 의료비가 많이 들면 어떻게 하냐?'고
묻는 경우가 있는데, 그때도 괜찮다.

걸리기 쉬운 질병 중에서 치료비가 비싼 것은 예를 들
어 뇌경색이나 암이 있다. 뇌경색은 2천만원, 암은 천만원
정도가 든다. 이것은 보험이 적용되기 전의 금액이기 때문
에 실제로는 최대 이 금액의 20~30%만 부담하면 된다.
즉, 뇌경색이면 6백만원, 암이라면 3백만원 정도만 있으면
된다.

게다가 지금은 중증질환에 한해 '고액 의료비 지원(재난적 의료비 지원) 제도'가 있기 때문에 의료기관이나 약국에 지불하는 월 상한액을 넘은 경우에는 연령과 소득에 따라 환불도 된다.

그래서 급한 불을 끌 만큼의 저축만 있으면 충분하기 때문에 무조건 모아둘 필요는 없다. 비싼 개인 건강보험에 가입할 필요도 거의 없다.

과감하게 말하면, 위기를 넘길 만한 저축이 없어도 곤란할 때 돈을 조금 빌려줄 수 있는 친족이나 친구가 있으면 된다. 만약 아프고 어려울 때 도와주는 사람이 한 명도 없다면? 돈이 없는 것보다 도와줄 사람을 못 만든 것을 더 후회해야 하지 않을까?

그리고, 만약의 경우에 예를 들어 '양자선 치료(陽子線治療)'●와 같은 고액의 의료를 받을 수도 있으니 고액의 개

● 양자선 치료(陽子線治療) : 암 따위에 이용하는 방사선 치료의 일종. 장치가 거대하고 고가이기 때문에 별로 일반적이지는 않다. 조직의 손상을 최소화하고 목표물을 집중적으로 치료할 수 있는 장점이 있다.

인 건강보험에 들어 두자고 하는 사람도 있겠지만, 이것도 별로 의미는 없다.

물론 보험에 들어 있어 최상의 의료를 받은 덕분에 목숨을 건지는 경우는 있겠지만, 이것은 매우 강력하고 위험한 치료이기 때문에 여러 번 반복해서 치료를 받는 것은 실질적으로 불가능하다.

가치관의 차이라고 하면 그만이지만, 나라면 그렇게 치료를 받아도 살까 말까 하는 상태라면 '죽을 때가 되었다'라고 생각할 것이다.

다음으로 지진이나 태풍과 같은 재해가 발생했다면 매우 불안할 것이다. 무엇보다도 먼저 정신적인 고통이 따르기 때문에 그 점이 가장 큰 일이라고 생각한다.

그런데 이것을 '무슨 일이 있을 때'로 파악하는 것이 애당초 잘못된 것이 아닌가 싶다.

지구상의 어디에든 지진은 일어난다. 또 예상치 못한 쓰나미, 태풍도 찾아온다.

이는 옛날부터 다양한 재해가 매년 세계 곳곳에서 일어

나고 있는 것에서도 알 수 있겠지만, 실제로 자신이 재해를 맞닥뜨리지 않으면 좀처럼 '자기 일'이라고 생각할 수 없다.

자신은 재해를 입지 않는다고 내심 믿고 있기 때문에, '만약'의 상황이 불안해지는 것이다. 그러나 오늘날 재해는 '무슨 일이 있을 때'가 아니라 '당연한 것'으로 대비해 두어야 한다.

대비 금액은 각 가정에 따라 사정이 다르기 때문에 재해에 대해서는 평소에 함께 생각해 둘 필요가 있긴 하다.

그리고 사정이 있어 일을 그만두어야 할 때가 있을 것이다. 현재는 국가에서 실업 급여나 구직 활동 지원금, 창업 지원금 등 다양한 형태의 재정 손실 보상을 위한 제도가 마련되어 있고, 또 상설된 정부 기관에 상담해 보면 몰랐던 다양한 구제 제도도 알게 될 것이다.

또한 직장인처럼 일정한 직업을 갖지 않아도 마음만 먹으면 생활비를 벌기란 의외로 어렵지 않다. 이는 제3장에서 다시 이야기하겠다.

3 연금으로 생활하면서도
저축을 하는 놀라운 할머니

지금까지 컨설팅해 준 고객 중에는 사실 나이가 든 사람들도 적지 않다.

연금으로 생활하면서 매달 그 안에서도 저축을 하려고 열심히 아끼시던 할머니가 계셨다.

인생 백세 시대라고 하지만, 외람되게도 할머니는 아무리 생각해도 앞으로 몇 십 년이나 인생이 지속될 것 같지 않았다. 그럼에도 할머니는 무슨 일이 생길 때를 대비하는 것이다.

연금을 쪼개서 열심히 돈을 모으는 것보다 인생을 즐겁게 살기 위해 이 돈을 사용하는 것이 의미가 있지 않을까?

억지로 쓰라고 하지는 않지만, 그렇게 열심히 절약할 필요는 없을 듯하다.

그러나 오래 사신 분일수록 '돈은 만능'이라는 믿음이 강하기 때문에 불안에 대비하려는 마음이 크다. 그래서 오히려 혹하게 만드는 투자 이야기에 빠져 졸지에 애써 모은 돈이나 부모로부터 물려받은 유산 몇 천만원을 한 번에 날리는 경우가 많으니 주의하자!

이런 분들에게는 앞에서 설명한 것처럼 불안을 없애고 더 좋은 돈을 버는 방법이나 돈의 효과적 사용법을 권장한다.

예를 들면, 지역 공헌 프로그램이나 공공 기관 아르바이트로도 용돈 정도를 벌 수 있다. 수입이 전혀 없는 것이 불안하다면 그걸로 충분하지 않을까?

그리고 자원봉사는 어떤가? 축제를 좋아한다면 각 지역의 단체에서는 축제 봉사자에게 삼각 김밥을 무료로 주기

도 하고, 꽃을 좋아하는 사람이라면 지역 녹화 가꾸기 운동
에 참여하는 경우 식사나 간식 정도는 쉽게 해결이 된다.

지역민과 교류하면 고독해지기 쉬운 고령자도 사회에서
자신의 존재 가치를 찾아 활기차게 살 수 있다. 무엇보다
다른 사람에게 도움이 되는 존재가 되면 반짝반짝 빛나는
삶을 살게 된다.

앞서 할머니의 경우처럼 연금에서 저축을 하는 정도라
면 생활에 어려움을 겪고 있는 상태는 아니다. 그렇다면 꼭
지역에 공헌하는 일이 아니더라도 자신이 즐거운 시간을
보내기 위해 돈을 사용하는 것이 중요하다.

해외 여행을 좋아한다면 돈을 모아 매년 여행을 가도
좋을 것이다.

유화를 배워 정원 풍경을 그려도 좋다. 몇 년 후에 개인
전을 갖는 꿈을 꾸는 것도 멋질 것이다.

손주가 예쁘면 정기적으로 함께 놀이공원에 가도 좋다.

자기 삶의 히스토리를 자비로 책으로 출간하여 살았다

는 증거를 남기고 싶어 하는 분도 있다. 또 상당한 목돈이 쌓여 있다면 생전에 증여를 하는 것도 좋다.

이제 막대한 교육비가 드는 것도 내 집을 짓거나 구입해야 하는 것도 아니라면 어떻게 즐거운 시간을 보낼 것인지 생각해 보자.

즐거운 시간을 보내는 것은 연금 생활자뿐만 아니라 누구에게나 매우 중요하다. 좋은 시간을 보내다 보면 가족을 비롯해 주변 사람과의 관계도 좋아진다. 그러면 가정도 평안해지고 일도 잘 풀린다. 이건 절대적인 섭리이다.

반대로 즐거운 시간에 주목하지 않고 통장 잔고만 신경을 쓰면 그 잔고는 점점 줄어든다. 돈 자체에 가치가 있는 게 아닌데, 돈만 추구하고 나 자신과 인간관계의 가치를 소홀히 하면 진정한 풍요로움을 잃게 된다.

통장 잔고보다 자신이 즐거운 나날을 보내는 것에 꼭 초점을 맞추자.

4 의미 없는 통장 잔고는 줄어도 늘어도 불안하다

이 책 첫머리에 말했듯이 목적이 있어야 저축은 의미가 있다. 하지만 대부분의 사람은 구체적인 목적 없이 무작정 돈을 모으려고 한다.

구체적인 목적이 없으면 얼마를 모아야 할지 모른다. 그러면 목표 금액을 설정할 수 없기 때문에 아무리 저축해도 불안은 해소되지 않는다.

즉, 저축액이 줄어들어 불안해지는 것뿐만 아니라, 증가해도 '이 정도로 안심해도 되나?'라는 불안함이 그대로 남는다.

중요한 것은 최대한 구체적으로 목표를 설정하는 것이다.

예를 들어 '노후에 대비하고 싶다'면 어떤 노후를 보내고 싶은지를 마음속으로 그리지 않으면 얼마가 필요한지 모른다.

온천 지역의 리조트 맨션으로 옮겨 살고 싶다든가, 한적한 시골에서 YouTube나 Netflix를 보면서 살면 좋겠다든가, 일주일에 한 번은 문화생활을 하고 싶다든가, 사람에 따라 꿈꾸는 노후는 각기 다르다. 그리고 목적에 따라서 필요한 금액도 달라지게 된다.

국내 한 금융기관의 2021년 조사에 따르면 '노후 월평균 생활비(2인 기준)는 252만원이 절대 필요'하다고 한다. 그러나 이 조사는 어디까지나 평균적인 상황을 대략적으로 나타낸 것으로 개인의 생활 스타일이나 기호의 차이는 전혀 고려되지 않았다. 여기에 더해 노후 생활비는 인플레이션율이나 경제 성장률, 평균 수명 등 다양한 가정 하에서 시뮬레이션되어야 한다. 사실 노후에 어떤 생활을 영위할지, 그래서 어떤 대비를 할지는 자신이 계획하는 게 맞다.

고객 중에 '나는 간병인이 있는 3억원짜리 실버타운에 들어가고 싶다!'는 주부가 있었다. 그런 경우에는 3억원 이상의 금액을 모으면 그걸로 충분하다.

또한 노후를 대비해 장기적으로 돈을 모으는 경우와 자녀 교육 자금을 중기적으로 모아야 할 때는 목돈을 늘리는 방법도 다르다.

나에게는 언제까지 얼마의 돈이 필요할 것인가? 이를 제대로 파악하면 그 이상을 저축할 필요는 없다.

그 목표 금액을 몰라 돈을 계속 모으기만 하면 '하와이에 가고 싶은데 참아야 하나, 아니면 가도 될까?' 하고 항상 망설이거나 욕구를 참아버리게 된다. 그러면 인생이 전혀 즐겁지 않다.

나는 여행을 망설이거나 참는 것보다 빨리 가라고 한다. 가고 싶으면 가는 편이 즐겁고 추억도 남는다. 또한 어느 누구도 부정할 수 없는 사실로, 내일 당장 죽는다면 오늘의 망설임과 인내가 후회되지 않겠는가?

목표액이라는 목표에 도달하는 데 있어 하와이 여행비 정도는 그리 큰 영향을 미치지 않을 것이다. 그것보다 생각해 보면 돈을 쓸 데 없이 쓰는 곳은 얼마든지 있으니 그 부분을 절약하면 된다.

어쨌든 GPS도 해상 지도도 없는 상태에서 망망대해를 배로 저어 가는 것은 두려운 일이다. 목표를 정하지 않고 그저 잔고를 늘리는 것은 바로 그런 일이다. 억지로 힘들게 노를 저어봤자 좋을 게 없다.

회사 경영 등으로 돈을 꽤 많이 벌어 성공한 사람이 실패하게 되는 이유 중 많은 것이 단지 더 돈을 벌고 싶다는 생각에 혹하는 투자 이야기에 빠지기 때문이다.

사업에 성공하여 자신감이 충만하면 가상화폐와 같은 대박 투자나 FX(외환거래) 트레이딩 등, '목적도 기준도 없이 돈을 벌어야 한다'며 남들을 따라 투자를 해서 순식간에 투자한 1억원이 천만원이 되었다는 이야기는 자주 듣는 이야기이다.

가상화폐도 FX도 그 자체가 나쁜 것은 결코 아니다. 다만 생각 없이 손을 대면 안 된다는 것만은 명심해야 한다.

목적이 없는 돈은 결국 그렇게 사라져 버린다. 목적이 없기 때문에 늘리기 위한 기준이 없다. 깊게 생각하지 않아 수상한 이야기가 매력적으로 다가오는 것이다.

결국 없어도 되는 돈이었던 것이다. 어딘가에 쓰려고 했던 돈이 아니었기 때문에 없어져도 '어쩌나!' 하고 생각할 뿐 실제 큰 피해를 주는 돈이 아니다.

투자에 실패하지 않아도 문득 돌아보면 가족이나 친족, 친구의 문제에 휘말려서 내 돈이 사용되거나 착취당할 때가 많다. 이상하게 정말로 처음부터 목적이 없는 돈은 그렇게 존재가 사라져 버린다.

5 매월 월급날 전에는 통장 잔고를 0으로 만들어라!

목적이 있다면 그에 필요한 만큼의 돈을 모으자! 그 이외는 돈을 모을 필요가 없다! 이를 실천하려면 필요한 돈을 모으는 운용 계좌와 일상 생활에 사용할 생활비 계좌를 나누어 '두 개의 계좌'를 이용하면 편리하다. 그리고 생활비 계좌는 매월 월급날 전에는 잔액을 0으로 만들어라. 그것이 이상적이다.

계좌를 두 개 이용하라는 말은 즉 '투자'와 '소비'로 나누어 돈을 사용하라는 말이다. 목적을 위한 운용 계좌는 '투자'의 성격을 지닌 돈이며 살아가기 위해 쓰지 않으면 안 되는 생활비 계좌는 '소비'의 성격을 지닌 돈이다.

그리고, '소비'하는 돈은 모을 필요가 전혀 없으며, 만약 남을 것 같으면 운용 계좌로 옮기거나 즐겁게 다 사용하라고 권하고 싶다.

이것이 가능해지면 매월 월급날 전에는 생활비 계좌의 통장 잔고가 0이 된다. 이렇게 0이 되도록 만들면 어느새 돈을 잘 쓸 수 있게 된다.

왜냐하면 '목적을 이루기 위해 운용 계좌로 돈을 돌리는 것'과 '즐겁게 돈을 쓰는 것'을 양립시키는 것은 계획적으로 돈을 관리하고 있다는 뜻이기 때문이다.

먼저 운용 계좌로 돈을 돌리려면 전부를 다 써버리면 안 된다. 그러려면 매월 필요한 경비를 제대로 파악해야 한다.

월세(대출), 식비, 관리비 등 반드시 지출해야 하는 돈이 있다. 이 금액은 아이의 성장 등 상황에 따라 변하기 때문에 재검검도 필요하다.

그와 동시에 목적을 달성하기 위해 돈을 모으려면 매월

어느 정도 운용 계좌에 돈을 넣지 않으면 안 되는지 생각해야 한다. 언제까지 얼마의 자산을 만들 건지 알아야 매달 저축할 액수도 결정할 수 있다.

수입에서 생활에 필요한 돈과 운용하기 위한 돈을 뺀 후에는 자유롭게 생활을 즐기는 데 사용할 수 있는 돈의 액수를 알 수 있다. 그 돈을 월급날 전에 잔액이 0이 되도록 잘 사용한다. 혹은 가능한 한 사용하지 않고 운용 계좌로 보낸다.

이렇게 돈을 운용 쪽으로 돌리거나 자신이 즐기기 위해서 사용하겠다고 맘먹고 있는 동안에 쓸데없는 지출이 줄어간다.

내키지 않는 술자리를 2차, 3차까지 갔다가 과음하고 택시로 집에 들어간다. 다음 날은 컨디션이 안 좋고 술자리에서 무슨 얘기를 했는지도 기억이 안 난다. 택시비로 2만 원이나 써버렸고, 가족의 표정도 안 좋다…….

나는 이제 이렇게 돈을 쓰지 않게 되었다. 물론 이러한 행동이 바보 같아도 즐거운 시간을 보냈거나, 쓸데없다 생각하지만 경험이 될 수도 있기 때문에 완전히 부정하지는 않겠다. 그러나 점점, 전혀 의미가 없는 돈은 쓰지 않게 된다.

이렇게 돈 사용법의 질이 높아지면 어느새 돈과 친해지고 돈이 옆에 있어 준다.

6 잔고를 0으로 만들기 위해 들여야 할 습관

그럼, 좀 더 구체적으로 '잔고를 0으로 만들기' 위해 무엇을 하면 좋을지를 생각해 보자.

소비를 하든 운용을 하든 앞에서 설명한 것처럼 매달 경비의 총액을 알아둘 필요가 있다.

- 집세/주택 대출
- 식비
- 관리비
- 통신비
- 교육비

적어도 이 정도의 지출 총액은 파악해두자.

또한 그만큼 예산을 배정했다면 그 달의 중간에라도 재점검해서 예산을 초과하지 않도록 유의하자.

이러한 가계 관리에 도움이 되는 것이, 물론 예전부터 사용되던 가계부이다. 지금은 가계부 앱도 많이 나와 있어 간편하게 확인할 수 있다.

물론 나도 가계부 앱을 사용하고 있어 앱을 보는 게 취미가 되었다. 그래서 적어도 2, 3일에 한 번은 보며, 매일 볼 때도 많다. Facebook이나 인스타그램을 매일 확인하는 것과 마찬가지다.

앱을 보는 것이 습관화되면 점점 RPG(롤플레잉 게임)에 빠져들듯이 즐거워진다.

'이번 달은 저번 달보다 지출이 반 정도 줄었다! 아싸!'

이런 느낌이다.

가계부는 예산 이내에 실제 사용 금액을 억제한다는 의미뿐만 아니라 무엇에 얼마나 돈을 썼는가를 알기 쉬운 것이 큰 장점이다.

즉, 사용한 돈에 의미가 있었는지 없었는지를 한눈에 알수 있다. 앞 장에서 '의미가 없는 돈은 사용하지 않게 된다'고 말했는데, 가계부 앱이 이를 뒷받침해 준다.

갖고 싶어서 산 명품 가방, 그러나 들고 나갈 곳이 없어서 그냥 집에 모셔 두고 있는데 350만원이나 썼었네!

그다지 맛있지도 않은 요리를 먹으면서 푸념을 들었다. 그 외식비가 10만원이었다니!

숫자로 여실히 드러나는 것이다. 그리고 이런 것에 돈을 쓰는 것보다 바비큐나 홈파티로 소중한 사람들과 시간을 보내는 것이 훨씬 좋다는 것도 깨닫게 된다.

지금의 나는 돈을 제대로 잘 쓸 수 있게 되었다. 특히 스스로도 '정말 좋았다!'고 만족한 것은 무더운 8월에 한 달간 바닷가의 펜션을 빌려 가족과 함께 보낸 것이다.

꽤 목돈이 들었지만 시원해서 일하기 좋았고 가족들도 기뻐하며 함께 즐길 수 있었다. 평생의 추억으로도 남았다. 좋은 일만 있었기 때문에 그야말로 의미 있는 지출이었다.

또한 돈을 많이 들이지 않고도 즐거움을 많이 찾을 수 있게 되었다.

예를 들어, 독서가 있다. 원래 책을 좋아했지만 독서에 더 많은 시간을 할애하게 되었다. 책은 많이 사도 그다지 비싸지 않다.

그리고 과일주를 만들기도 했다. 어떤 병에 과일을 담글까……. 병 고르는 것부터 즐겁고 설렌다. 마음에 드는 병을 발견하면 그것을 사서 끓여서 소독하고, 담글 술을 선택하고 과일 껍질을 벗긴 후 정성을 다해 담근다. 이것은 비용이 많이 들지 않으며 만드는 자체를 즐기고, 때가 되면 레몬주나 오렌지주를 맛있게 즐길 수 있다. 정말 최고의 즐거움이다!

지금 가계부를 쓰고 있지 않다면 즉시 앱을 설치해 보기 바란다.

가계를 관리하고 쓸데없는 곳에 돈을 너무 많이 쓰지는

않는지 꼼꼼히 살펴본 후 돈을 사용하는 방법을 생각해 보자. 그렇게 하면 의미 있게 돈을 사용할 수 있고 낭비가 줄어든다.

7 매달 잔고를 0으로 만들면
조기 은퇴가 다가온다!

    수준 높게 돈을 사용하면 시간을 즐겁게 보낼 수 있으며 낭비가 줄어들고, 낭비가 줄어 든 만큼 운용 계좌로 돈을 보낼 수 있다.

    사람들 중에는 돈의 운용은 위험하다고 생각하는 사람이 많아 생활비 계좌의 통장 잔고를 늘리려는 경향이 있는데 이는 잘못된 인식이다.

    운용의 위험은 0이 아니다. 주가가 내릴 때는 당연히 자산이 줄어들 수도 있기 때문에 어느 정도는 중장기적으로 생각하는 것이 필요하다. 단, 제대로 선택하면 연 5~10%

의 이익이 전망되는 상품들이 있다.

예를 들어, 해외 적립 투자 상품을 주목해보자. 이 상품은 매월 일정한 액수를 소정의 기간 동안 계속적으로 해외에 투자하면서 중장기적으로 자산 운용과 보전을 해주는 패키지형 투자 상품이다. 찾아보면 예를 들어 영국이나 스위스의 정부로부터 인가를 받은 자산 운용 플랫폼 사업을 전개하는 회사가 많이 있으며, 이러한 투자 상품을 제공하고 있다.

이 상품은 적립금을 투자 전문가가 운용해 주기 때문에 스스로 '어떤 투자 상품을 선택할지' 고민할 필요가 없다. 수수료도 합리적이고 해외의 비과세 지역에서 투자가 진행되기 때문에 운용 중에 세금 부담도 피할 수 있다.

이는 적립형으로 적립 금액을 언제든지 변경할 수 있어 무리 없이 사용할 수도 있다. 또한 적립 그 자체의 이점으로 '타이밍의 위험'이 없는 것을 들 수 있다. 한 번에 자금을 쏟아 넣으면 그 타이밍에 가격이 고정되어 손익에 큰 영향을 주지만, 적립이라면 달마다 위험에 대비할 수 있다.

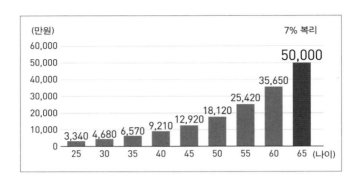

큰 물건을 사기 전에 생각해야 할 것
☑ 빨리 직장인에서 탈출하는 편이 자금이 적게 들 수 있다?!
☑ 65세의 5억원은 40세의 9210만원(!)

국내의 증권 계좌나 소액투자상품 계좌 또는 개인형 IRP 등도 괜찮지만, 스스로 투자신탁을 선택해야 하거나 비싼 수수료 등, 귀찮은 부분이 있기도 하다.

이러한 중장기 운용의 좋은 점은 복리로 자산이 많이 불어나기 때문이다.

복리의 힘은 커서 실제 적립액보다 훨씬 자산이 늘어나게 되어 있다.

옆의 표를 살펴보자. 7% 복리로 65세에 5억원을 손에 넣으려면 40세 때 9210만원만 있으면 된다. 젊었을 때부터 운용을 시작하면 그만큼 밑천이 적어도 되며, 65세에 5억원은 무려 25세의 3340만원과 같다! 복리로는 자산이 극적으로 증가하는 것을 알 수 있다.

다들 엄청난 부를 축적한 희대의 투자가 워런 버핏 (Warren Buffett)을 알고 있을 것이다. 90세를 넘겼지만 아직도 주식시장에서는 버핏의 움직임이 큰 영향력을 가질 정도다.

버핏은 이른바 '구두쇠'지만, 이는 참는 것이 아니라 검소한 생활을 좋아하는 것이다. 그리고, 제대로 투자를 공부해서 쓸데없이 쓰지 않았던 돈을 젊었을 때부터 운용했다.

꾸준히 운용한 결과 50세가 넘으니 복리로 점점 자산이 증가했다고 한다.

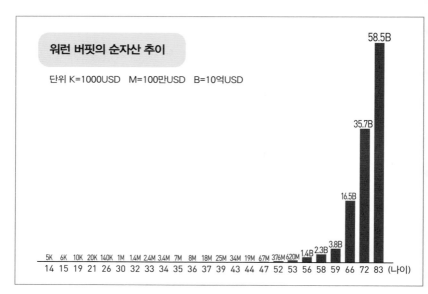

워런 버핏의 순자산 추이

단위 K=1000USD   M=100만USD   B=10억USD

																							58.5B

5K   6K   10K   20K   140K   1M   1.4M   2.4M   3.4M   7M   8M   18M   25M   34M   19M   67M   376M 620M   1.4B 2.3B   3.8B   16.5B   35.7B   58.5B
14   15   19   21   26   30   32   33   34   35   36   37   39   43   44   47   52   53   56   58   59   66   72   83 (나이)

그리고 95억원이나 되는 유산을 남기고 떠난 로널드 리드(Ronald Read)의 일화는 꼭 수입이 많지 않아도 누구나 억만장자가 될 수 있다는 것을 알려준다.

로널드가 유명해진 건 2014년에 92세의 나이로 사망했을 때다. 주유소와 백화점에서 일하는 노동자 계급에 속했던 로널드가 놀랍게도 약 95억원이라는 고액의 유산을 남겼기 때문이다.

부유한 가정에서 태어난 것도, 대기업에 근무하는 엘리트였던 것도, 아이디어와 행동력이 뛰어난 기업가였던 것도 아니다. 단지, 꾸준히 주식에 투자해 배당금을 받아 투자액에 맞는 복리로 이익을 얻었을 뿐이다.

그는 평생 꾸준히 투자하며 검소하게 살았기 때문에 아마도 목적이 있어서 돈을 늘리고 싶었던 것은 아닐지도 모른다. 그리고 자신의 즐거움을 위해 돈을 쓰지 않고 유산은 가족과 자신이 최후를 보낸 시설에 기부하였다.

로널드가 어떠한 목적으로 자산을 조성했는지 정확히 알 수는 없지만, 순전히 절약과 투자가 즐거웠던 것 같다. 옆에서 보면 이해하기 어렵지만 자신이 좋아하는 저축하는 마음을 실현한 게 아닐까 싶다.

생전에 돈을 사용하지 않고 사랑하는 사람에게 남기는 것은 내 생각과는 다르지만, 어떤 사람이든 억만장자가 될 수 있는 좋은 예로서 꼭 소개하고 싶은 인물이었다.

버핏도 로널드도 불필요한 돈은 쓰지 않고 투자에 사용하여 복리로 자산을 크게 늘렸다.

그러나 여러분은 즐거운 것을 참지 않아도 되니 낭비를 줄이고 돈이 남으면 운용 계좌로 돌려 생활비 계좌를 0으로 만들자! 그러면 자산이 늘어나 노동의 대가로만 힘들게 돈을 벌 필요가 사라진다.

즉, 조기 은퇴가 가까워진다. 조기 은퇴를 실현하면 취미로 일을 하거나 사회 공헌 활동을 하는 등 좋아하는 라이프 스타일을 선택할 수 있다.

'만일의 상황에 대비'하는 보험은 꼭 필요한가?

"사회인이 되면 보험을 들어야죠."

그렇게 생각하고 있다가 막연하게 보험에 가입하는 사람이 많다.

하지만 그게 과연 맞을까?

보험도 통장 잔고와 마찬가지로 '무슨 일이 있을 때를 대비해서' 준비하는 것이다. 정말 이것이 필요한지 한번 생각해 보자.

먼저 보험 회사는 자원 봉사로 보험금을 내주지 않는다.

유명 연예인이 출연하는 광고를 전국의 방송이나 신문

광고로 내보내는 등 엄청난 광고비를 쏟아 부어도 이익을 보게 돼 있다.

그러므로 '무슨 일이 있을 때' 지불하지 않으면 안 되는 '보험금'과 '보험금을 지불할 확률'을 곱해서 절대로 손해를 보지 않도록 전문가가 계산해서 보험료를 설정한다.

즉, 가입자 입장에서 봤을 때 계산에 착오가 없다면 평균적으로 반드시 손해를 보도록 되어 있는 것이다.

그래도 부양 가족을 남겨 둔 채 자신의 생명이 다했을 때를 생각하면 생명 보험이라도 들어 두고 싶은 마음은 이해한다.

그럴 때는 남게 될 부양 가족에게 향후 어느 정도의 생활비가 필요한지를 계산해 그만큼의 자산을 가지고 있지 않은 경우에만 보험을 계약하자.

이미 자산이 있다면 필요하지 않다. 즉시 해약하고 보험료라는 낭비를 줄이는 편이 좋다.

그리고 자녀의 학비가 들지 않게 되거나 독립했거나 나

이가 들어 반려자의 여생도 짧아지는 등 시간이 흐르면서 상황이 점점 변화하기 때문에 보험은 정기적으로 재검토하는 것이 좋다.

의료보험도 본문에서 설명한 것처럼 국민 모두가 국민 의료보험 제도에 가입이 가능하기 때문에 일부러 개별 보험에 가입할 필요성은 높지 않다.

한편 보험을 금융 상품이라고 생각해 운용을 기대하고 가입하는 사람도 있다.

하지만 본문에 소개한 해외의 적립 투자처럼 보험보다 수익성이 더 좋은 상품들이 얼마든지 있다.

보험은 통상 적립액을 변경할 수 없지만 해외의 적립 투자는 투자액을 언제라도 변경할 수 있어 상황에 따라 조정할 수 있다는 장점도 있다.

돈을 낸 만큼 절세가 된다고 하는 사람도 있는데 이는 기껏해야 '덤' 정도의 수준이다.

절세 액보다 더 큰 보험금을 효율적으로 활용하는 것이

좋다는 생각이 들지 않는가?

어떠한가?

생명보험 가입은 신중히 검토하여 정기적으로 재검토해야 한다. 그리고 개인 의료보험은 불필요하다. 이것을 많은 사람이 이해하길 바란다.

내가 체크해야 할 일

제2장

쓸데없는 지출과
물건으로부터 자유로워지다!

지금 나에게 이 지출이 정말로 필요한가?
이걸 늘 생각하는가?
생활하면서 돈을 내는 때는 무수히 많다.
그때마다 제대로 그 지출에 대한 필요성을 생각해 보자.
나도 모르는 사이에 얼마나 헛된 소비를 하고 있는지
자각하는 것은 어렵지만,
이것이 가능해지면 돈을 제대로 쓸 수 있게 된다.

1 쓸데없는 지출과 필요 없는 물건을 없애고 돈을 제대로 쓰는 방법

앞 장에서 가계부를 써서 지출을 관리하자고 제안했는데, 불필요한 지출을 하지 않는다는 것은 돈이라는 실체 없는 정보에 휘둘리지 않고 잘 살아가는 데 매우 중요하다.

자신에게 의미 없는 지출을 하지 않음으로써 쓸데없는 것을 소유하지 않을 수도 있다.

그리고 쓸데없는 지출을 하지 않으려고 노력하거나 쓸데없는 것을 가지지 않으려고 조심하는 것은 일단 돈을 모으기 위해 절약하는 것과는 전혀 다른 이야기다.

절약이 아니라 돈을 제대로 쓰자는 말이다.

의상을 잘 코디하거나 인테리어 감각이 세련된 사람은 매우 멋져 보인다. 그런 사람은 자신이 직접 고른 물건으로 자신의 세계를 만들어낸다. 그리고 생활 스타일의 변화나 자신이 성장해감에 따라 '이젠 필요 없는 것'은 떠나보내고, 그때 발휘할 수 있는 최고의 감각으로 자신을 표현한다.

돈을 제대로 사용하는 것도 이와 마찬가지며 지출하거나 물건을 살 때 제대로 된 것을 고르는 것이 중요하다. 그리고 필요 없는 것은 사지 않는다.

그런데 이런 습관이 하루아침에 몸에 배지는 않는다.

지금 굉장히 세련된 인플루언서도 타고난 감각이 뛰어난 사람이 있을지도 모르지만, 대개는 실패를 반복하며 세련되어지는 방법을 터득한 사람이 더 많이 있을 것이다.

하물며 돈의 경우 꾸미는 것과 달리 처음부터 탁월한 감각을 갖고 태어난 사람은 드물다.

나 자신도 실패를 반복해 왔고, 많은 고객들을 보고 있어도 '거의 없다'라고 단언할 수 있을 정도로 사람들이 천성적으로 돈의 센스가 풍부한 것은 아니다.

다시 생각해 보면 그때의 기분에 휩쓸려 필요 없는 것에 돈을 써버린 경험이 많은 사람이 대부분이지 않을까?

예를 들어, 나 자신이 쓸데없이 돈을 쓰는 것을 떠올려 보면 대표적으로 술이 있다.

직장인 시절 나는 취기가 얼굴에 조금도 나타나지 않아 동료와 함께 아무 생각 없이 싸구려 술집에 가서 권하는 대로 술을 마셨다.

그곳에서 나눴던 대화는 일과 관련된 푸념이나 사람들의 뒷담화로 생산성도 없고 즐겁지도 않았으며 추억거리도 되지 않았다.

시시한 이야기만 해도 그것만으로도 '즐거웠다!', '동료가 있어 좋다'라는 생각이 들면 그것대로 의미가 있다. 하지만 나의 경우는 그렇지 않을 때가 더 많았다.

이런 일을 10번 반복하는 것보다 미슐랭 가이드에 실

려 있는 비싸지만 분위기도 맛도 훌륭한 레스토랑에서 식사를 한 번 하는 것이 얼마나 기분도 좋고 기억에 남는 일인지, 지금도 떠오른다.

여러분도 잘 생각해 보길 바란다.

쓸데없는 지출을 없애려고 하는 것만으로도 돈뿐만 아니라 생활까지도 확 바뀐다.

알아보기 쉽게 몇 가지 예를 들어 보도록 하겠다.

누구와 시간을 보낼 것인가?

놀러 가는 것도 밥을 먹는 것도 정말로 같이 있고 싶은 사람과 함께 하는가? 그 사람과 함께 있으면 즐겁고 힐링이 되는가?

코로나 바이러스 감염증의 확대로 사람과 만날 기회가 줄어드는 동안 따로 만나지 않아도 되는 사람이 의외로 많다는 것을 깨닫고 있지는 않은가?

지금의 나는 사람들과 만나서 거기서 돈을 쓰는 것보다

가족과 지내며 가족을 위해 돈을 쓰고, 나 자신을 위해 돈을 쓰고 싶다.

레저 여행

레저에 돈을 쓴다면 '정말 기억에 남을까?', '즐길 수 있을까?'를 생각하자.

여행도 언제나 같은 장소, 같은 숙소, 같은 체험을 하는 것보다 비싸도, 예를 들면 주변 경관이 아름다운 온천, 바닷가 숙소에 간다든지, 자연이 풍요로운 숲속의 통나무집을 빌려 가족과 함께 보내는 등, 특별한 체험을 실현하는 것은 어떨까?

명품

명품의 의미란 무엇일까?

정말 그게 좋으니까 갖고 있으면 기분이 좋아진다. 그러면 의미가 있다.

또 루이비 통 같은 명품은 품질이 좋아서 오래 사용할 수 있기 때문에 갖고 싶다고 생각할 수 있다. 근데 한편으로는 단지 '명품이기 때문에' 갖고 싶다는 마음으로 손에 넣으려는 사람도 있을 것이다.

물건이 명품이라고 하니 그것을 가진 자신까지 수준이 올라갈 것 같다든가, 그것을 가지고 있으면 다들 우러러본다든가 하는 이유로 갖고 싶다면 이건 별로 의미가 없다.

나는 명품 시계가 갖고 싶어서 거기에 많은 소비를 한 시기가 있었기 때문에 그 기분을 잘 이해한다.

하지만 시간을 확인하는 데 굳이 명품 시계일 필요는 없다는 것을 깨달았다. 시간은 핸드폰만 봐도 알 수 있다.

결국 시계 자체에서 가치를 느낀 것이 아니라 그것을 가진 나 자신에게 도취되어 있었을 뿐이었다.

그걸 깨달은 후 시계를 전부 팔아버렸다. 샀을 때는 무척 기뻤기 때문에 후회하지는 않지만, 알고 보니 쓸데없는 소지품이었다.

주거

　집은 솔직히 내 입장에서는 뼈를 묻고 싶을 정도로 좋아하는 곳이 아니라면 살 필요가 없다고 생각한다. 즉, 대부분의 사람에게는 필요가 없다는 말이다.

　첫 번째 이유는 인생 최고의 장애물이 되기 때문이다. 만약 마음이 설레는 멋진 곳을 발견하게 되면 즉시 이사를 가야 한다. 그러나 내 집이 있으면 이사를 주저하는 큰 이유가 되어 버린다. 물론 빌려주거나 팔거나 할 수는 있지만 막상 그렇게 하고 싶을 때 기대한 만큼 유리한 조건으로 거래가 성사될지는 모를 일이다.

　그리고 유지 관리 및 수리 비용도 든다. 돈이 들어오는 것이 아니라 나가는 물건을 자산 형성의 세계에서는 '부채'라고 부른다.

　그러나 부모님과 가까이 살고 싶다거나 해변에 꼭 살고 싶은 최고의 장소가 있다거나 특별한 집 구조를 원한다면 사는 것도 좋을 것이다.

　제대로 된 사고 싶은 이유가 있다면 잘 고르는 수고를

아끼지 말고 좋은 구매를 이루길 바란다.

가전제품, 전자기기 등

가전제품이나 PC, 스마트폰 등을 살 때는 자신이 잘 다룰 수 있는 기능을 갖춘 것을 선택하면 된다.

무심코 "이런 기능도 있고, 저런 기능도 있습니다!"라는 판매원의 말에 현혹될 때가 있는데, 냉정하게 따져보면 자신이 잘 쓸 수 없는 기능만 있는 물건을 굳이 비싼 비용을 주고 구입할 필요는 없다.

마찬가지로 각종 통신 요금 등도 자신이 사용하는 만큼을 지원하는 요금이면 충분하다.

2 자본주의는 지갑이 빌 때까지 물건을 사게 하는 시스템

우리는 자유 경쟁으로 이익을 추구하고 경제활동을 영위하는 사회에 살고 있다. 이것이 바로 자본주의다.

성장 자본주의(성장을 추구하는 자본주의) 사회에서 경제활동을 크게 영위하기 위해서는 상품이나 서비스를 생산하고 그것을 소비자에게 소비하도록 만들어 이익을 얻고 또 확대 재생산해 나가지 않으면 안 된다.

쉽게 말하면 소비자에게 매력적인 상품이나 서비스를 만들어서 파는 것인데, 사실 그 제품이나 서비스에 정말로 매력이 있는지 없는지는 그다지 관계가 없다.

그저 소비자가 매력적이라고 '느끼면' 팔린다. 그리고

팔리면 이익이 생긴다.

그래서 팔기 위해 여러 가지 방법으로 소비자에게 다가
간다.

- 얼마나 훌륭한 상품이고 서비스인지를 광고로 알린다
- SNS를 통해 무작위로 보낸다
- 입소문이 퍼지도록 한다
- 이미지 전략을 편다

'좋은 것만 만들면 팔린다!'라고 하는 장인정신은 멋지
지만 좋은 물건이지만 소비자가 모른다면 절대로 팔리지
않는다.

한편, 인터넷 등 정보 도구의 발달로 한번 입소문을 타
면 순식간에 확산되는 시대이기도 하다.

그렇기 때문에 자본주의 사회에서 경제활동을 해나가
는 한 판매자가 소비자에게 필사적으로 다가가야 하는 것
은 당연한 일이다.

소비자는 사는 입장에서 그 전략 싸움에 말려 들어간다.

예를 들어, 집에 돌아가면 사랑스러운 가족이 기다리고 있다가 함께 따뜻한 요리를 즐기는 장면을 내보내는 주택 건설사의 광고. 월세 주택에서도 사랑스러운 가족과 따뜻한 음식을 먹을 수 있기 때문에 그렇게 훌륭한 집이 필요한 것이 아님에도, 이것이 꿈의 내 집인가 하는 생각이 들게 만든다.

설날이나 발렌타인데이, 크리스마스 등의 이벤트가 있는 시기에는 백화점이나 쇼핑 센터에서 이벤트 행사가 열려 '사는 것이 당연하지!'라는 기분이 들게 만든다.

또한 하나의 상품 카테고리 안에서도 살 수 있는 능력에 따라 다양한 등급의 상품이 준비되어 있다.

예를 들면, 양복, 손목시계, 자동차 등도 매우 저렴한 것부터 세세하게 단계적으로 차이를 둔 최고급품까지 준비되어 있다. 직장에서 성공해서 수입이 늘어날수록 수입에 따라 조금씩 가격대가 높은 것을 사게 된다.

스스로 불필요한 지출을 하지 않겠다고 마음먹지 않으면, 자신도 모르는 사이에 지갑이 텅 빌 때까지 쇼핑을 하고 있을 수 있다.

3 '좋은 지출'과 '나쁜 지출'을 구분하는 간단한 방법

그럼 어떻게 하면 불필요한 지출을 하지 않게 될까?

돈을 쓰는 방법은 '투자, 소비, 낭비' 이렇게 세 가지로 나눌 수 있다.

투자는 미래에 도움이 되도록 돈을 쓰는 방법, 소비는 생활을 위해 필요한 지출, 낭비는 없어도 괜찮은 것에 돈을 쓰는 것을 말한다.

단순히 '쓸데없는 지출을 없애려면 낭비를 안 해야 되나?'라고 생각하기 쉽지만 그건 조금 다르다.

없어도 괜찮은 것에 돈을 쓰는 낭비라 할지라도 그것이

즐겁거나 생활을 윤택하게 만든다면 없앨 필요는 없다.

그래서 좀 더 단순하게 '좋은 지출'과 '나쁜 지출'로 나누어서 나쁜 지출을 조금씩이라도 줄여나가는 것이 중요하다.

그러려면 좋은 지출과 나쁜 지출을 구별할 수 있어야 하는데, 어떻게 하면 좋을까?

구분하는 기준은 간단하다. '정말로 즐겁고 기쁘다'는 생각이 드는가 아닌가 여부이다.

돈을 쓰는 순간 즐겁거나 기쁘다고 느껴지면 좋은 지출, 그렇지 않으면 나쁜 지출이다. 그걸로 판단할 수 있다.

예를 들어 차를 살 때 '꼭 필요한 것은 아니지만, 일단 차가 있으면 편할 테니까'라고 경차를 사는 것과 '핸들을 잡는 것만으로도 가슴이 두근거려! 성능이 좋으니까 주행력도 최고네!'라며 마음을 설레게 하는 고급 외제차를 사는 것을 비교해 보면 어떨까?

고급 외제차는 경차와는 비교가 안 될 정도로 고가일지 모른다. 하지만 즐겁다면 좋은 지출이고, '일단' 사자는 마음만 드는 경차가 나쁜 지출이 된다.

판단하는 기준은 금액이 아닐 뿐더러 일반적인 의미의 낭비인지 여부와도 전혀 관계없다. 단지 즐겁다, 기쁘다는 기분으로 판단하자.

그리고, 좋다, 나쁘다의 가치관은 돈을 사용하는 방법을 학습하다 보면 점점 변화해 가는 것이라고도 일단 말해두겠다.

앞서 말한 것처럼 나는 고급 손목시계에 가치를 느끼던 시절이 있었지만, 지금은 고급 손목시계를 '좋은 지출'이라고 보지 않는다. 단지, 샀을 당시에는 기뻤기 때문에 그때는 확실히 '좋은 지출'이었다.

마찬가지로 예전에는 사서 마시는 것이 낙이었던 최고급 와인. 와인의 세계를 탐닉하기 위해 점점 가격이 높은 것으로 도전해 나갔다. 하지만 지금은 비싸지 않아도 맛있는 와인이 있기 때문에 최고급 와인은 특별히 축하할 일이 있을 때만 사겠다고 생각이 바뀌었다.

이처럼 점점 돈을 쓰는 방법이 세련되게 바뀌고 가치관도 바뀌어 간다.

고급 손목시계도 고급 와인도 당시 살 때는 즐거웠기 때문에 그걸로 만족하며, 소유한 경험이 없으면 그 가치를 접할 수조차 없다.

그래서 '이거 사면 즐겁겠다'라고 하는 것을 사보는 것은 나쁜 지출이 아니다. 경험을 쌓아서 발전시켜 나가자.

4 단돈 10원도 나쁜 지출에
사용하지 않는 이유

　무작정 돈을 쓰게 만드는 자본주의 사회 속에서 나 자신도 오랜 시간을 들여 고생하면서 돈을 쓰는 방법을 연마하기 위해 노력해 왔다.

　'좋은 지출'만 하는 것이 정말 어려웠다. 하지만 이제는 단돈 10원도 나쁜 지출에 사용하고 싶지 않다.

　그 이유 중 하나는 단순히 돈을 사용하는 방법의 수준을 높이는 것이 중요하기 때문이다. 이것이 생활과 생활방식에 관한 중요한 요소라는 것은 지금까지의 설명으로 이해했을 거라고 생각한다.

또 다른 중요한 이유가 있다. 나쁜 지출에 돈을 쓰면, 즉 돈을 엉성하게 다루면 그런 사람에게는 돈을 가질 자격이 없어지기 때문이다.

비록 큰돈을 버는 사람이라도 생각 없이 여러 물건을 사거나 욕심을 내서 잘 알아보지도 않고 투자를 하면 돈을 가질 자격을 점점 잃게 된다.

이를 과학적으로 실증하는 것은 어렵지만, 지금까지 투자가, 자산 형성 컨설턴트로서 많은 고객과 백만장자를 만난 경험을 바탕으로 확신을 가지고 말할 수 있다.

회사 경영이 순조로운 시기에 돈을 많이 벌고 여유가 생기자 점차 돈을 쓸데없는 곳에 많이 사용하는 경영자를 볼 수 있다.

예전 같으면 잘 생각해 보고 한 번 더 곱씹은 후 지출할지를 결정했던 사람이 돈이 많이 생기면 별 생각 없이 돈은 많으니까 하며 쉽게 써 버린다.

그런 사람은 나중에 회사가 기울거나 가정이 붕괴되면

부지불식간에 문제가 생겨 돈이 떨어져 나간다.

이상하게도 그러한 사례는 많았으며, 이 역시 인과 관계가 있다고 생각하지 않을 수 없었다.

반면에 오랫동안 회사를 경영했거나 오랫동안 투자로 성공한 경우, 이런 돈 때문에 힘들었던 적이 없다는 사람은 **좋은 지출을 하고 있는 사람이다.**

부자이니까 5만원이나 10만원 정도의 스니커즈 같은 건 바로 살 수 있지만 '이 스니커즈를 사도 좋을까⋯⋯. 신을 기회가 얼마나 될까? 지금 신고 있는 운동화를 조금 더 신어도 되지 않을까?' 하고 골똘히 생각하는 것이다.

바로 "이건 좋네!" 하고 달려드는 것이 아니라 매사에 신중을 기하는 것이 삶의 방식의 전제라는 것을 알고 있는 사람들. 나는 이제 단 10원도 나쁜 지출에 사용하지 않는 사람이 되고 싶다.

여러분도 '어떻게 살고 싶은가'를 꼭 생각해 보자.

'돈에 대해 생각하는 것은 자신의 생활방식이나 가치관을 재점검하는 것'이라 말해도 결코 과장된 표현이 아니다.

특히, 코로나 바이러스의 전 세계적 유행을 경험하면서 도시에 살면서 일하는 것 말고도 다양한 생활 방법이 있다는 사실을 깨닫고 다양성의 매력에 대해 생각하는 사람이 늘기 시작했다.

나를 행복하게 만드는 것은 무엇인가? 잘 생각해서 그 행복을 위해 좋은 지출을 하자. 앞으로의 시대는 이것이 가능한 사람이 진정한 의미에서의 승자가 될지도 모른다.

5 나쁜 지출을 억제하면 조기 은퇴가 가까워지는 구조

제1장 '매달 잔고를 0으로 만들면 조기 은퇴가 다가온 다!'에서 중장기적으로 투자하면 생활을 위한 자금을 확보 할 수 있기 때문에 조기 은퇴가 다가온다고 말했다.

투자는 확실히 노동의 대가로밖에 돈을 벌 수 없다고 생각하는 사람에게 새로운 도구가 되기 때문에 지식을 익 히고 도전할 가치가 있다고 생각한다.

하지만 사실 조기 은퇴를 더 빨리 앞당기는 방법도 있으 며, 그것은 '나쁜 지출을 억제하는' 것이다.

원래 사람은 살아가는 데 큰돈이 필요하지 않다. 그것을 깨닫느냐 깨닫지 못하느냐가 포인트다.

예를 들어 고급 레스토랑에서의 식사는 축하 등 특별한 때 가는 것은 좋지만, 일상적으로는 갈 필요가 없다.

가격과 음식의 맛은 반드시 비례하지 않기 때문에 미식가라고 해서 고급 레스토랑이 아니면 만족할 수 없는 것은 아니다.

고급 레스토랑에 자주 갈 필요가 있는 사람은 그곳의 인테리어를 매우 좋아한다든가, 그곳의 분위기를 느끼면서 치유받고 싶다든가, 특히 정신적 또는 감정적으로 기쁨을 얻을 수 있는 사람 정도가 아닐까?

그리고 집값도 물가도 비싼 곳에서의 생활을 들 수 있다.

정말 거기에 살 필요가 있는지 생각해 봐도 좋을 것 같다. 계속 그 지역에 살아서 그곳에서 멀어지기 어렵다든가, 자신이 하고 싶은 일 때문에 거기에 사는 게 유리하다든가 하는 이해할 수 있는 이유가 있는가?

근무지나 아이들 학교 때문에 도심 내에서 살아야 한다

는 사람이 많은 것 같은데, 이제 재택 근무도 가능한 시대가 되었고, 꼭 그 회사에 다니지 않으면 안 되는지도 검토해 보면 좋을 것이다.

지출을 자세히 살펴보고 나쁜 지출을 줄여나가면 그다지 돈이 필요하지 않다는 것을 알 수 있다. 그러면, 그만큼은 자연스럽게 돈이 쌓여 간다.

이것을 투자로 돌리라고 제1장에서 권했는데, 원래 지출액이 줄어들면 투자로 생활 자금을 조달하지 않아도 지출을 줄여 모은 돈으로 충분히 살아갈 수 있게 된다.

나도 만약 지금 모든 것을 잃고 벌거숭이가 된다 해도, 감사하게도 지방 시골에 친가가 있다.

시골집은 낡았지만 넓어서 부모님도 관리하기 버겁기 때문에 우리 가족이 들어가도 살 수 있는 방은 어떻게든 마련할 수 있다.

논을 갖고 있으니 쌀도 얻을 수 있다!

이제 공과금이랑 딸아이 학원비 정도는 아르바이트라

도 해서 벌면 어떻게 마련할 수 있다.

돈에 집착하지 않으면 악착같이 일하지 않고 자유롭게 살 수 있다.

이것은 어디까지나 지출을 자세히 들여다보라는 것이지 구두쇠가 되라는 것이 아니다. 좋아하는 것이나 가치를 느끼는 것을 위해서라면 지출을 주저할 필요가 없다.

다만 자세히 살펴보는 버릇이 생기면 필요하다고 생각했던 것이 점점 떨어져나가고 정말로 좋아하는 것만 남게 된다.

코로나 바이러스 감염증 확산의 영향을 받아 자연스럽게 이러한 것이 가능해진 사람이 늘고 있다. 지금 어려운 경제 환경 때문에 절대 필요에 의해서 지출을 자세히 들여다보지 않을 수 없는 경우도 많겠지만, 이것은 훌륭한 습관이니 꼭 긍정적으로 생각하길 바란다.

지금이야말로 몸소 돈을 사용하는 방법을 연마할 좋은

기회다. 주변에 필요 없는 것, 필요 없는 습관은 없는지 재점검하는 계기가 될 것이다.

도심 내의 아파트, 자동차, 저렴한 선술집에서 마시는 맥주, 건강에 나쁜 스낵이나 과자 등, 필요 없는 것이 반드시 있을 것이다.

그리고 돈에 대한 집착에서 해방되면 집을 처분하고 지방에서 지내는 것도 좋고 바닷가나 온천지의 리조트 아파트에 생활의 거점을 두는 것도 좋다.

일을 그만두고 평소에 해보고 싶었던 관심 있는 사업에 아르바이트 정도로 관여해 봐도 좋다.

커피를 좋아한다면 커피빈을 엄선해 볶는 곳을 찾아다니며 마음에 드는 것을 발견하고 비싸더라도 그것을 사는 기쁨을 맛볼 수 있다.

사용 금액으로 봤을 때는 부자가 아닐지도 모르지만, 이것이야말로 진짜 돈의 자유라고 생각하지 않는가?

이렇게 되기까지는 사실 쉽지 않았고 나도 죽도록 시행

착오를 거듭했다. 하지만 이 책을 계기로 여러분은 일단 그 문턱에 서 보는 건 어떨까? 시작이 반이라고 하지 않던가?

내가 체크해야 할 일

제3장

회사의 급여,
직급에서 자유로워지다!

○○주식회사의 ××부장으로
매월 꼬박꼬박 급여가 들어온다.
이것이 여러분의 인생에 있어서
얼마만큼의 의미를 가지는가?
회사의 급여나 직급이 행복을 보장해 주지 않는다는 것은
익히 알고 있을 것이다.
그런 것에 얽매이기보다는
자유로운 장소에서 자유롭게 시간을 쓰고
좋아하는 것에 둘러싸여 보내는 날들을 만들어가자!

1   매달 '푼돈'에
      목숨 걸고 있을 뿐이다

제2장에서는 지출에 대해 이야기했는데, 여기에서는 수
입에 관심을 가져보자.

최근에는 이직이나 창업을 시작하는 사람이 증가했다
고 하는데 그래도 아직은 압도적으로 자신이 직장인인 것
에 안심하는 사회라고 생각한다.

다니고 있는 회사에서 성과를 올리고 거기서 직급을 높
여 안정적으로 급여를 받는다. 이것이 많은 사람들이 옳다
고 생각하는 수입을 얻는 방법이다.

이러한 현상을 보고 내가 느끼는 것은 '기업의 급여는

노동 수입이라기보다 권리 수입이다'는 것이다. 그것은 노동의 대가로 수입을 얻고 있다기보다는 회사 조직에 소속되어 매월 돈을 받을 권리를 얻고 있다는 뜻이다. 완전한 권리 수입이라고는 말할 수 없지만, 권리 수입과 비슷하다고 생각한다.

소속만 되어 있으면 일단 연명할 수 있다. 그것이 안도감을 주어 회사에 있고 싶다는 사람이 많이 있는 것은 아닐까? 부동산 수입이나 책 인세와 같은 다른 일반적인 권리 수입과는 달리 나는 이것은 **회사로부터 얻는 권리 수입** 같은 것에 내 시간과 생명력을 빼앗기고 있다고 느낀다.

그렇기 때문에 정말로 그것으로 좋은지, 매월 받는 월급을 위해 시간과 생명력을 계속 빼앗기고 있어도 상관없는지 잘 생각해 보길 바란다.

물론 아무런 보람도 없이 직장 생활을 하는 사람도 있고 직장 생활이 성격에 딱 맞아서 즐거운 사람도 있을 것이다. 후자인 그런 사람은 그냥 알차게 보내면 될 뿐이다.

하지만 행복해 보이지 않는 사람들이 세상에 넘쳐난다. 회사 일은 재미도 없다, 적성에 맞지 않는다, 보람을 찾을 수 없다, 원래 사내 환경이 열악하다…….

이런 불만을 안고 있으면서도 매월 급여를 얻을 권리를 버리는 것이 두려워서 쭉 회사에 매달려 있는 사람이 많이 있다.

인간은 원래 야산을 뛰어다니며 먹을 것을 사냥하고 채집하며 자유롭게 살았던 존재다.

그러나 농경 문화가 발달하면서 시간과 생명력이 논밭으로 흘러가게 되었고 땅에 묶여 그곳을 여러 위협으로부터 지키는 생활로 바뀌게 되었다.

땅에 묶이는 대신 일단 이듬해에도 수확을 할 수 있었다. 그래서 땅을 떠날 수가 없었다.

이게 바로 많은 사람이 직장에 매달리는 원리이다.

하지만 미래는 알 수 없다. 엄청난 비 부족으로 작물이 자라지 못할 수도 있고, 태풍으로 수확 직전의 작물을 모두

망칠 수도 있다.

이와 마찬가지로 아무리 회사에서 직급을 필사적으로 지켜도 언제, 무슨 일이 일어나 회사가 쓰러지지 않는다고 보장할 수 없다.

예를 들면 1990년 이후의 버블 붕괴나 1997년의 IMF 위기, 2008년의 리먼 쇼크, 그리고 2020년에 세계를 덮친 코로나 바이러스 감염증 확대 등, 우리는 여러 번 경제적 파탄이나 경기 후퇴를 경험했고, 거기서 많은 회사가 사원을 떠안을 수 없게 되는 것을 실제로 봤다.

2 회사 직함이 없어지면 '그냥 사람'인 당신

만약 회사라고 하는 소속처가 사라지면 여러분은 어떤 사람이 되는가?

무사히 정년까지 근무할 수 있어서 '전(前) ○○회사 (임)직원'이라는 소속감에 집착해도 아무런 의미가 없다. 묘비에 직함을 새기는 일은 절대로 없을 테니 말이다.

물론 회사 생활이 나쁘다는 뜻은 아니다. 상사나 동료가 있어 함께 일에 몰두할 수 있는 집단에 있는 것이 즐거움과 삶의 보람을 주는 것을 부정하는 것이 아니다.

다만 거기에 집착할 필요는 전혀 없다는 것을 알았으면

할 뿐이다. 회사 생활만이 나의 정체성을 증명하는 것이 된다면 너무 재미없다. 그렇지 않은가?

매달 급여를 받는 것이나 정해진 시간 내에 정해진 업무를 처리하는 것, 또는 늘 일정한 레일 위를 달리는 것이 편하다고 생각하는 사람은 밖으로 뛰쳐나갈 용기가 없을 뿐이다. 그런 곳에 틀어박혀 있으면서 느끼는 안도감은 사실 환상에 지나지 않는다.

'푼돈'에 얽매이지 않고 자유롭게 사는 인생이 훨씬 풍요롭다. 회사 직함이 없는 '그냥 사람'이 되어 정기적인 수입이 사라지고 생활비를 벌 수 없을까 봐 걱정이 되는가?

고객 중에 40대 후반의 직장인이 있었다. 회사를 좋아하지 않았고 일하는 보람도 없다는 이야기를 계속 해서 "이제 회사를 그만두는 게 어떤가요?"라고 조언했다.

섣부르게 '그만 두라고'는 말하지 않는다. 다만, 이 고객의 경우는 자산이 꽤 있고 돈을 사용하는 방법도 신중해서 정기적인 수입이 없어도 충분히 살아갈 수 있다고 생각하고 말한 조언이었다. 그래서 벌써 반 년 동안 "그만두어도 괜찮아요."라고 말하고 있다.

하지만 전혀 그만둘 기미가 보이지 않는다. '정말 회사가 싫다'고 말하면서도 말이다. 대학 졸업 후 바로 입사해 30년 이상 근무하고 있는 회사이고 다른 세계를 모르기 때문에 그곳을 그만두는 것은 지구 밖으로 뛰쳐나가는 것과 같은 느낌일 것이다.

이 고객처럼 보이지 않는 사슬로 회사에 묶여 있는 사람이 의외로 많다. 부디 그 사슬을 끊을 용기를 가지길 바란다.

괜찮다! 제1장에서도 말했듯이 사회보장제도가 갖춰진 우리나라에서는 길에서 객사하는 일은 거의 없을 테니 말이다.

물론 다른 사람에게 어떻게 도움을 청해야 할지 모르거나 도움을 청할 의지조차 잃어버리는 경우도 있는데, 기본적으로는 소리만 지르면 무조건 도움을 받을 수 있다.

그런 점에서 우리나라는 아직 그런 대로 살 만한 나라다. 행정, 가족, 친구, 빈곤 문제에 대처하는 NPO˙, NGO˙˙ 등, 반드시 도움을 주는 사람들이 있다.

요즘에는 진정한 빈곤은 거의 없는 거 같다. 세계에는 믿을 수 없는 열악한 슬럼가에 사는 사람들이 많이 있다. 그런 환경에 비하면 우리나라에서는 얼마든지 살아갈 수 있는 사회라고 할 수 있다.

스스로 집을 버리거나 일할 용기를 잃어버려 노숙자가 되는 사람은 있지만, 먹을 것이나 자는 곳과 같은 살기 위해 반드시 필요한 자원을 이용하려고 마음만 먹으면 얼마든지 할 수 있다. 우리나라는 의외로 복지 수준이 높은 나라다.

●   NPO : Non-Profit Organization, 비영리조직
●● NGO : Non-Governmental Organization, 비정부기구

3 직장 생활만이 인생의 선택지는 아니다

우리나라는 오랫동안 한 직장에서의 장기 근무를 미덕으로 여기는 경제 활동을 했던 나라다. 지금은 꽤 양상이 바뀌었지만 그래도 퇴직할 것을 전제로 취직 활동을 시작하는 사람은 결코 많지 않을 것이다.

가능하면 오래 근무하고 싶다 생각하면서 누구나가 잘 아는 이름의 회사를 우선적으로 선택하려고 한다.

내가 회사를 선택할 때도 마찬가지였다. 세상물정을 모르고 있다가 '좋은 회사 같다!'는 막연한 생각으로 취직을 했었다.

그런 경솔한 결단으로 말미암아 그 후로 몇 년 동안 묶이는 것은 바보 같은 일이다. 우연히 자신에게 맞거나 일이 즐겁다면 행운이지만, 몇 십년간 계속 그러한 만족스러운 환경에서 일할 수 있을지 의문이다.

만약에 '회사에 얽매일 필요는 없다!'는 것을 진정으로 이해하고 얼마든지 다른 선택지가 있다는 것을 알게 되면 세상이 달리 보일 것이다.

다른 선택지라는 말이 잘 와 닿지 않는 사람을 위해 몇 가지 예를 들어보겠다.

이직

이직은 경기(景氣)에 좌우되는 부분이 있다.

요즘은 이직 사유로 '더욱 좋은 조건의 일을 찾기 위해서'가 증가하고 있다. 즉, 삶의 방식이나 일에서 느끼는 보람에 신경 쓰는 사람이 늘고 있다는 것을 알 수 있다.

이미 80, 90년대의 종신 고용 사회는 끝났다고 할 수 있다.

정말로 일하고 싶다고 생각하는 회사로의 이직도 하나의 중요한 선택지일 것이다.

최근에는 20대, 30대를 중심으로 급여나 보너스 등의 금전적 대우만으로는 경력직 채용이 어려워지고 있다. 회사 본연의 모습이나 비전, SDGs(지속 가능한 개발 목표) 등으로 대표되는 사회적 의의가 명확한 회사가 아니면, 좀처럼 좋은 이직 인재를 얻을 수 없다.

이것도 많은 사람이 하루하루를 충실하게 살아가기 위해 일의 의미와 보람을 소중히 여기기 시작했다는 증거라고 생각한다.

창업

이미 알고 있다시피 전 세계적으로 한국은 프랜차이즈 대리점 및 소상공인 업소가 많은 것으로 유명하다. 이는 근래의 경기 불황으로 조기 퇴직, 명예 퇴직, 청년 취업의 어려움 등으로 그 추세가 더 심화되었다.

이러한 여파로 실은 정부도 창업을 지원하는 방향으로

선회하고 있기 때문에 자금 조달이나 제도 등의 간소화를 알아보면 의외로 창업의 장벽은 점점 내려가고 있다는 것을 알 수 있다.

게다가 많은 사람들이 창업에 실패하면 빚을 지고 가족이 뿔뿔이 흩어지고…… 이런 완전히 각색된 이미지를 가지고 있는데, 실제로는 그렇지 않다.

창업한 후 순항하지 못할 때 바로 방향을 전환하면 그런 드라마에서 나올 법한 일은 일어나지 않는다. 문제가 되는 것은 순조롭지 못할 때도 같은 방법을 고수하는 것이다.

그러고 보면 시행착오만 멈추지 않는다면 창업에 실패하는 일은 사실상 많지 않을 것이라 생각한다. 어떤 경우에도 완벽한 성공 신화는 없으니 말이다.

부업

최근에는 부업, 투잡을 인정하는 회사도 많아졌기 때문에 회사에 소속되어 있으면서도 보람이 있는 부업에서 가치를 발견하는 사람도 있다.

회사에서 참으면서 일하고 있다면, 뭔가 몰두할 수 있는 부업을 발견하여 그쪽으로 신경을 쓰면 마음이 편해진다.

마음이 편안해지면 뜻하지 않게 회사 일도 잘 풀릴지 모른다.

단조로운 회사 생활에 양념을 뿌리듯 부업이 기능한다면 자연스럽게 생산성은 높아져 그대로 직장 생활을 하면서 부업을 즐겨도 되고, 부업으로 자신감을 갖고 회사를 그만둘 수도 있을지 모른다.

프리랜서

출판사에서 편집을 하고 있거나, 생명보험회사에서 라이프 플래너를 하고 있는 등 전문적 직종으로 회사에 속해 있던 사람은 그 기술을 이용하여 프리랜서가 될 수도 있다.

우선은 부업으로 시작해 보고 반응을 보면서 전문 프리랜서로 전환할 수 있다.

자원봉사

성실하게 회사에 다녀 저축이 있고 부모로부터 물려 받는 자산만으로도 살아가기에 충분하다. 그런 사람에게는 자원봉사를 추천한다.

마지못해 회사에서 일하는 것보다 다른 사람을 위해서 일하는 경우 훨씬 행복을 실감할 수 있다.

회사를 그만둬도 사회 활동을 할 수 있으며 돈과는 다른 풍요로움을 느낄 가능성이 높다.

재택 근무

코로나 바이러스 감염증 확산의 영향으로 재택 근무가 실제로 증가하고 있는데 이는 직장인이지만 매일 출근하지 않는 근무 방식이다.

재택 근무는 대기업을 중심으로 확대되고 있고 정말 회사가 싫어서 거리를 두고 싶지만 그만두는 것도 내키지 않는 경우에는 과감하게 재택 근무를 요청하는 것도 일시적 방법이다.

물론 가능한 직종과 그렇지 않은 직종이 있고 인정받지 못하는 회사도 있는데, 재택 근무로 전환하면 삶의 환경을 상당히 바꿀 수 있다.

지방이나 수도권으로 이사를 하면 집세나 물가에 신경 쓰지 않고 풍족한 생활을 할 수 있을지도 모른다. 또한 좋아하는 휴양지로 이사를 가도 된다.

번거로운 인간관계에서 벗어나 확실하게 일을 해내고 충실하게 사생활을 즐겨보자. 그러면 불필요한 지출도 줄어들 것이다.

투자

자세한 내용은 이 장의 마지막 부분에서 설명하겠지만, 당연히 투자는 회사에서 해방되어 생활하는 경우의 선택지 중 하나로 강력하게 추천하는 것이다.

4 수입이 줄면
지갑을 늘리면 된다

회사에 얽매이지 않아도 되는 몇 개의 선택지를 제시했는데 그중 '이건 활용할 수 있겠다!' 싶은 선택지는 별로 없었을지도 모른다.

기본적으로 사람은 그렇게 많은 돈을 쓰지 않고도 즐겁게 생활할 수 있다고 생각한다.

하지만 회사를 그만둔 결과 수입이 줄어드는 일은 실제로 일어나기 쉽고, 그 때문에 '지금까지 즐기던 것을 즐길 수 없다, 필요한 만큼도 벌 수 없다, 그래서 곤란하다!'라는 것도 이해할 수 있다.

그렇다면 '지갑'을 늘리는 것은 어떨까?

앞서 말한 선택지 중에서도 '부업'이나 '투자'는 새로운 지갑으로서 잠재력이 충분하기 때문에 자신의 기술을 살릴 수 있는 분야에서 프리랜서로 활동하면서 부업을 하든, 이직해서 급여가 내려가도 투자로 보충하는 등, 수입을 유지할 수 있는 방법을 활용할 수 있을 것이다.

투자는 이 장의 마지막에서 설명할 것이기 때문에, 여기서는 부업에 대해 구체적으로 누구나 도전할 수 있는 것들을 소개하겠다.

물건 판매, 전매

코로나 바이러스의 유행으로 마스크의 사재기와 전매가 사회 문제가 되거나 인기 게임 소프트의 사재기와 전매로 엄청난 이윤을 남긴 일부 사람들로 물건 판매나 전매는 나쁜 것이라는 이미지를 갖고 있을지 모른다.

그러나 여러 가지 요인으로 같은 상품이라도 장소나 타

이밍에 따라 가격 차이가 반드시 생기기 때문에 싸게 매입하여 필요한 사람에게 적정한 가격으로 판다는 의미에서 전혀 문제가 없다. 이는 주변에 있는 슈퍼와 같은 소매점과 Amazon 같은 온라인 판매점에서 하고 있는 것과 전혀 다르지 않다.

가전제품 판매점이나 대형 할인 매장 등에서 그 시기에 싸게 살 수 있는 것을 사서 쇼핑 사이트에 올리면 아무런 기술이 없어도 이익을 올릴 수 있다.

또 그 지방에서만 살 수 있는 물건을 바이어로서 매입해 직접 그곳에서 살 수 없는 사람에게 파는 것도 전매다. 그러고 보면 매력적인 상품을 찾아서 스스로 살 수 없는 사람에게 제공하는, 꿈이 있는 일이라고 할 수 있다.

핸드메이드 상품 판매

수예를 좋아하는 사람들을 중심으로 액세서리와 가죽제품, 파우치, 마스코트 등 핸드메이드 상품을 판매하는 움직임이 확산되고 있다.

특별히 공들인 작품이 아니어도 다이소 등의 재료를 잘 조합하여 간단하게 만든 것도 잘 팔린다고 한다.

벼룩시장이나 바자회 같은 현장 판매는 물론 쇼핑 사이트나 핸드메이드 전용 판매 사이트 등에서도 판매할 수 있다.

과외, 각종 강의

대면이 아닌 온라인 과외가 늘어나고 있기 때문에 집에서도 쉽게 과외를 할 수 있게 되었다.

학력을 무기로 하거나 어떤 취미 활동의 자격증을 갖고 있는 사람에게 좋은 부업이다.

그 밖에도 전문 자격증을 갖고 있거나 취미를 프로 수준으로 즐기고 있는 경우 등 사람에게 가르칠 수 있는 것이 있으면 온라인 강습회를 열어 강사를 맡을 수 있다.

피트니스와 요가 또한 온라인 강습이 꽤 확산되었고 피아노와 회화, 바둑 등 다양한 온라인 학습을 소개하는 사이트도 있다.

그런 사이트에 강사로 등록하면 학생을 모집하는 어려움도 줄어들 것이다.

Kindle 출판

Amazon이 제공하는 자비 출판 서비스를 이용해 누구나 무료로 전자책을 출판할 수 있다.

출판이라고 하면 어렵게 생각되지만, 분량 설정이 없어 블로그 2, 3개 정도의 분량으로도 출판이 가능하다. Amazon에서 확인 작업을 하지만 전자책이기 때문에 독자들이 구입한 만큼 인세가 들어온다. Amazon뿐만 아니라 국내에서도 전자책 출판은 종이책보다 여러모로 출간이 손쉬워 적당한 콘텐츠만 있다면 한번 도전해볼 만하다.

SNS도 적극적으로 활용해 팔로워수를 늘려 매상을 늘리는 등 책을 팔 때 유용한 방법을 활용하면 판매의 가능성이 커진다.

note 기사

Kindle 출판보다 더 부담 없이 자신의 문장을 파는 수단으로 기사 배포 사이트에 유료 기사를 투고하는 방법도 있다.

LINE이나 카카오톡 스티커, 이모티콘 판매

일러스트와 디자인을 좋아하고 잘하는 사람이라면 LINE 스티커의 등록 크리에이터가 되어 자신만의 스탬프를 판매할 수 있다. 또 카카오톡의 다양한 이모티콘 등록에도 도전해 볼 수 있다.

이는 등록자 수가 상당히 많아 진입이 어려울 수 있지만 10억이 넘는 연매출을 올리는 크리에이터도 있다고 한다.

어필리에이트(affiliate)

자신의 블로그 사이트나 Facebook에 광고를 올리는 어필리에이트도 의외로 그 수가 부족하다고 한다. 광고 상품이 꼭 팔리지 않아도 이메일을 등록만 해도 건당 1만5천원~2만원의 수입을 올릴 수 있다. 힘들이지 않고도 할 수 있는 일이기 때문에 요즘은 주부들이 많이 참여하고 있다고 한다.

동영상 편집

동영상 편집은 이제 누구나 쉽게 할 수 있도록 무료로 제공되는 앱도 있어서 특별한 기술이 필요한 작업이 아니다. 그 방법도 YouTube를 통해 개요나 실제 편집 과정 등을 보고 배울 수 있다.

WEB 라이터

글쓰기를 좋아한다면 블로그나 기타 미디어 기사 대행 등 WEB 라이터로 활동할 수 있다. 여기는 늘 뿌리 깊은 수요가 있다.

WEB 디자이너

웹디자이너는 WEB 사이트의 구성과 디자인을 결정한다. 디자인은 감각과 사이트 사용자의 행동에 대한 상상력에 크게 좌우되기 때문에 경험이 적더라도 일감을 많이 받게 될 가능성이 있다.

HTML/CSS 코딩

디자인을 WEB상에 표현하기 위한 마크업 언어(markup 言語)인 HTML과 CSS를 코딩하는 인력은 항상 수요가 있다.

특히 코로나 바이러스 감염증 확대의 영향으로 지금까지 오프라인에 의존했던 기업도 이제는 온라인을 확대하지 않을 수 없게 되어 수요는 계속 증가할 것이다.

이 밖에도 여러 가지가 있을지 모르지만, 바로 떠오르는 것만으로도 이만큼이나 많다.

지금은 블로그, 카페, 유튜브 등 자신의 미디어를 가질 수 있고 온라인과 관련된 일의 수요가 많아 수입을 얻을 수 있는 기회는 더 증가하였다.

또 WEB 강좌 등으로 돈을 많이 들이지 않고 기술을 몸에 익힐 수도 있다. 다양한 가능성이 있다는 것을 파악한 후 실천해 보는 것은 어떨까? 일단 시작만 하면 그 길이 보일 것이다.

직접 해본 후에 자신에게 일이 올지 어떨지 걱정되는 경우에는 클라우드 소싱 사이트 등에서 직접 일을 찾을 수도 있다.

이처럼 지갑을 늘리는 것은 생각보다 쉽다.

5 돈을 버는 방법보다 삶의 방식을 우선시하라!

돈은 가능한 한 많아야 안심이다. 그래서 안정된 수입을 얻기 위해 즐겁지 않지만 회사를 그만둘 순 없다.

많은 고객을 접하면서 세상의 대부분의 사람이 이런 생각에 사로잡혀 있고, 거기에서 전혀 앞으로 나아갈 수 없다는 것을 알았다.

물론 누구나 돈 걱정 없이 살고 싶을 것이다. 그런데 제일 중요한 것은 이런 사고 정지 상태에서 벗어나 '자유롭게 살겠다고 마음먹는 것'이다.

돈을 모으기 위해 무작정 벌려고만 하는 것이 아니라, 돈 쓰는 법을 연마하여 필요한 만큼만 벌면 충분하다는 것을 이해하면 돈 걱정에서 벗어날 수 있다.

살아가기 위해 일정한 돈이 필요하다면 필요한 만큼은 손에 넣어야 하지만, 이를 실현하기 위한 기술은 큰 문제가 아니다. 돈 걱정에서 해방되는 마음만 익히면 어떻게든 살아진다.

일반적으로는 좀처럼 이해하기 어렵겠지만 이는 절대적인 진리라고 경험과 많은 사례를 바탕으로 단언할 수 있다.

어떻게 돈을 버느냐보다 돈을 어떻게 다루느냐, 삶의 방식과 돈을 어떻게 절충하느냐가 훨씬 가치 있고 어려운 문제다.

주변 상황에 휩쓸리지 않고 삶의 방식을 직접 선택하는 것이 무엇보다도 중요하며, 그것을 실현하기 위해 어느 정도의 돈을 어떻게 손에 넣을 것인가를 생각해야 한다.

먼저 돈을 생각하지 않고 삶의 방식부터 선택한다. 대부분의 사람이 이 순서를 잘못 알고 있다.

예를 들면, 한 주부 잡지에 독자 모델로 때때로 등장하는 여성은 원래 회사에서 인테리어 코디네이터로 일했다.

하지만 어느 날 '즐거운 일만 하고 싶다!'는 생각에 회사를 그만두고 독자 모델과 드라마 엑스트라 아르바이트만 하기로 마음먹었다. 그녀의 생활비는 주로 부동산 임대 수입에서 충당한다.

또한 일류대를 졸업하고 우량 기업에서 일하던 남성은 엘리트의 길을 걷는 것보다 자유롭게 살고 싶어서 부동산 운용으로 생활하기로 하고 회사를 그만두었다.

일반적인 시각으로 보면 불안정해졌지만 퇴직 후에 결혼해서는 "앞으로 농업을 공부하고 싶고, 외국어도 잘하고 싶고, 해외 여행도 많이 가고 싶다!"라며 즐겁게 살아가고 있다.

반면 남편과 아이가 있는 40대 후반 여성 약사의 경우 병원을 그만둘 생각으로 자산 운용을 시작했다.

하지만 투자를 하면서 돈에 대해 잘 생각하게 되었고 매달 나오는 급여의 고마움과 직장 복지가 훌륭하다는 사실을 실감하면서 병원 근무의 가치를 새삼 깨닫게 되었다고 한다.

그녀는 퇴직할 생각이었지만 자신의 생활을 깊이 들여다보고는 조직에서 일하는 것을 택했다. 이런 식으로 깨달음을 얻는 경우 얼마든지 유연하게 노선을 변경해도 좋다.

6 자유롭게 살기 위해 실천한 7가지

　나 자신도 이전에는 전형적으로 '돈에 사로잡힌 사람' 이었다.

　유명하고 급여가 높은 회사를 선택하고 '경영 컨설턴트란 어쩐지 멋질 것 같다'는 생각에 취직해 일에 몰두하던 날들. 결혼해서 자식을 낳았지만 일 중심으로 가족을 돌볼 여유가 없었다.

　일에 파묻혀 지내던 어느 날 나 자신에게 '이대로 살아도 좋은가?'라고 의문을 가졌다. 가족을 위해서 돈을 벌고 있지만 가족을 아끼는 마음을 표현할 시간이 없었다. 그렇지만 돈을 벌려면 지금의 회사에 있는 편이 좋다……

그러는 동안에 사회가 보이게 되었다. 세상에는 학력이 부족해도 특별히 똑똑하지 않아도 나나 내 동료, 그리고 동급생보다도 몇 배 아니 몇 십 배를 더 버는 자영업자가 있다는 것을 알게 되었다.

그런 사람들은 돈 버는 방법을 알고 있었다. 그에 비해 대기업과 '간판'만으로 만족하는 자신들은 어떤가. 경영 컨설턴트나 펀드 매니저는 멋지다고 생각했지만, 그게 대체 무슨 의미가 있는가?

고민하다 보니 늘 그 생각에서 맴돌았고 어떻게든 이 상황에서 벗어나고 싶다는 마음으로 일견 수상한(?) 자기계발서부터 삶의 방식이 가득 담긴 지식인의 책까지, 두루 읽게 되었다. 시간이 없었기에 책뿐만 아니라 CD와 같은 음성 콘텐츠로 듣는 경우도 있었다.

그렇게 폭넓은 생각을 접하면서 회사원을 고집할 필요는 없다는 것과 내가 원하는 생활 방식은 회사에 근무하면서는 실현할 수 없다는 것을 깨달았다.

삶의 방식을 바꿀 수밖에 없다. 일벌과 같은 삶에서 벗어나 더 여유롭고 풍요롭게 살겠다!

그렇게 결심하고 행동부터 바꾸기로 했다. 여유롭고 풍요로운 삶을 살게 되면 어떻게 될까? 관점을 거기에 두고 어떻게 행동해야 할지를 생각했다.

나는 빨리 결과를 내고 싶었고 한번 한다고 마음먹으면 철저하게 하는 편이라 참고가 될지는 모르겠지만 당시 내가 실천했던 행동을 소개하겠다.

● 사귀는 사람을 바꿨다

직장인의 사고방식으로 되돌아가지 않도록 회사 사람들과의 대화를 필요 최소한으로 줄였다. 나의 목표에 가까운 사람과만 만나고 기본적으로 사람들과의 만남을 줄여나갔다.

● 접하는 정보를 바꿨다

텔레비전, 잡지, SNS나 YouTube 등, 불특정한 대중을 위한 정보는 일절 보지 않았다.

정말로 성공한 사람의 서적이나 직접 이야기할 때만 접했다.

● 사는 곳, 이용하는 곳을 바꿨다

무리를 해서 외제차 비율이 60% 이상인 고급 주택지로 이사를 했다.

미팅은 저렴한 찻집이 아니라 고급 호텔 라운지에서 가졌다.

여행 시, 호텔은 혼자라도 40제곱미터(12평) 이상의 넓은 곳을, 가족과 함께라면 스위트룸을 선택했다.

● 입는 옷을 바꿨다

월급쟁이답지 않게 맞춤 양복만 입었다.

사적 모임에도 코디네이터가 골라준 옷만 입었다.

● 소지품을 바꿨다

비싸더라도 오래가는 최고급품을 샀다.

가격이 아니라 마음이 설레느냐로 판단했다.

● 사용하는 단어를 바꿨다

부정적인 단어는 일절 말하지 않았다.

'돈이 부족하다'고 절대로 말하지 않았다. 만약 지금 수중에 돈이 없어도 어떻게 마련할 것인가만을 생각했다.

● 음식을 바꿨다

무척 바쁠 때를 제외하고는 도시락을 사와 좁은 사무실에서 먹지 않고 식당에서 제대로 된 점심을 먹었다.

단순히 바쁜 직장인 생활과는 정반대의, 당시 목표로 했던 우아한 생활을 마음에 그리며 행동해 보았다.

바로 이 시기에, 앞서 말한 고급 시계에 가치를 느껴서 샀고 고급 와인만 마셨으며 고급 레스토랑에 돈과 시간을 쏟아 부었다.

결과적으로 나는 우아하게 살게 되었고 충분히 만족했기 때문에 지금은 또 다른 단계로 접어들었다. 그것은 물리적인 욕구에서 해방되어 검소하고 행복한 나날을 보내고 싶은 단계이다.

내가 손에 넣은 자유롭게 사는 비결을 여러분에게 알리는 것이 즐겁다. 개인의 풍요보다 사회 전체의 풍요로움을 추구해 나가고 싶다.

그렇기 때문에 여러분도 돈에 대한 사고 정지 상태에서 한 걸음이라도 나아갔으면 한다.

7 투자만으로 생활하는 것은 의외로 간단하다

조금 전 회사 이외의 선택지 중 하나로 '투자'를 꼽았다. 나도 회사를 그만두고 생활하는 데 투자에 큰 도움을 받고 있다.

실은 투자만으로 생활하는 것은 의외로 간단하다. 결코 꿈 같은 이야기가 아니다.

예를 들어, 부동산 투자를 생각해 보자. 5억원 정도의 수익 물건(토지 건물이 딸린 상가 등)을 거의 전체를 대출 받아 구입한다. 거의 전체를 대출 받는다는 것은 가진 것이 없어도 된다는 뜻이니 밑천이 많지 않아도 가능하다.

그리고 직장인이 가장 돈을 빌리기 쉽기 때문에(대출 심사에서 통과되기 쉽다) 회사를 그만두기 전에 직장인이라는 점을 충분히 이용해 수익 매물을 찾는 것이 좋다.

이렇게 5억원으로 부동산 투자를 시작했을 경우, 대출이자나 그 외 비용을 공제해도 현재 시장을 생각하면 매월 200만원 정도의 수입(운용 이익)을 얻을 수 있다.

익숙해지면 대출을 10억원, 20억원으로 늘려 만약 30억원짜리 수익 매물의 주인이 된다면 단순 계산으로 월 1200만원의 이익을 얻을 수 있다. 이 정도의 수익이 들어오면 회사를 그만두는 데도 불안하지 않을 것이다.

또 일단 5억원, 10억원짜리 돈 블럭을 만들고 그걸 연리 7% 정도로 운용하면 생활을 꾸려나갈 수 있다.

5억원 또는 10억원을 만들 수 없다!고 생각할지 모르지만, 제1장에서 소개한 90억원이라는 유산을 남긴 로널드 리드의 사례를 생각해 보자.

처음부터 목돈이 없어도 누구든 투자로 자산을 만드는 것이 가능하다. 5억원이나 10억원을 만드는 것도 어렵지 않다.

5억원의 연리 7%라면 3500만원이다. 사치는 못하지만 충분히 생활할 수 있는 금액이다.

생활을 좀 더 윤택하게 만들고 싶다면 재미있는 아르바이트나 취미와 비슷한 일로 돈을 벌면 된다. 3500만원은 있으니까 거기에 조금 더하는 정도로 좋으니 필사적으로 일할 필요도 없다.

5억원 정도의 돈 블록을 하나뿐만 아니라 그 밖에도 5억원이나 10억원 정도의 블록을 준비할 수 있게 되면 더더욱 여유롭게 살 수 있다.

미국이나 유럽에서는 투자만으로 생활하는 사람도 드물지 않으며, 극히 평범하게 회사에서 근무하는 것처럼 보이지만 실은 투자만으로 충분히 살아가는 사람이 많다.

회사에서의 일은 자기 실현을 위한 혹은 즐기기 위한

것이지 생계를 위해 꼭 필요한 것은 아니다. 그들은 그만두고 싶어지면 언제든지 회사를 그만둘 수 있다.

그렇게 어깨에 힘을 빼고 즐겁게 일할 수 있다면 좋지 않을까?

회사를 그만두고
자유롭게 살아가기 위해

"회사 그만두고 자유롭게 살 거야!"

그렇게 하고 싶은 마음으로 가득하지만 가족이 있어 어렵다고 생각하는 사람이 많을 것이다.

고객 중에도 "강좌를 듣거나 컨설팅을 받는 것은 배우자에게는 비밀……"이라고 말하는 사람이 적지 않다.

예를 들어서 40대 후반의 남성.

대형 미디어 회사에 근무하고 있는데 그의 부인에게 "빨리 부장이 되어야 해! 10원이라도 더 벌어와."라고 질타와 격려를 받고 있다고 한다.

그 남성이 회사에 매달려 있는 게 아니라 부인이 그를 회사에 꽁꽁 묶어 두고 있어 도망갈 수 없다는 것이다.

그는 완전한 ATM 상태가 되어 자신이 돈을 사용하는 것도 허용되지 않았다.

술자리도 금지되어 있었고 점심도 저렴한 식당에서 먹으라고 했다 하니 철저히 구속되어 있었다.

그렇지 않아도 의식 개혁은 무척 어렵기 때문에 부부가 함께 자유로운 삶의 방식에 눈을 뜨는 것은 꽤나 어려운 일이다.

이런 경우 아마 어느 한쪽이 삶의 방식을 바꾸려고 하면 싸움이 되어 버리는 경우가 많을 것이다.

그럼 내 경우는 어땠을까.

회사를 그만두기로 결심했을 때 나는 이미 결혼을 해서 아이도 있었다.

결과적으로 아내에게서는 별다른 소리를 듣지 않았지

만 나는 '무슨 말을 듣더라도 내가 스스로 결정한 것은 관철하자!'라고 결심했었다.

처가가 자영업을 하고 있었기 때문에 이해하기 더 쉬웠을지도 모르고, 아내는 돈에 전혀 관심이 없기 때문에 내 변화에 대해서도 별로 관심이 없었을지 모른다.

다만 아내처럼 아무 말도 하지 않는 경우는 매우 드물다. 배우자가 회사를 그만두려고 한다면 자기 의견을 말하는 것이 보통일 것이다.

어정쩡한 태도로는 상대방을 불안하게 만들 수 있다. 하지만 진심이 전달되면 응원해줄 것이다.

결혼했다면 그 관계의 바탕에는 신뢰와 애정이 있을 것이라고…… 믿고 싶다!

실제로는 어려울지 모르지만 확실하게 자신의 생각을 전달하는 노력은 중요하다.

내가 체크해야 할 일

제4장
쓸데없는 투자로부터 자유로워지다!

돈을 벌고 싶다!는 마음은 중요하지만
무엇 때문에 벌고 싶은지를 결정하지 않으면
벌 수단을 선택할 수 없다.
목적은 없는데 '돈 사랑♡'의 마음만 앞서면
수단의 중요성을 깨닫지 못하고
수상한 투자 이야기에 현혹될 수 있다.
그런 실수를 하지 않도록 '자산 형성 설계도'를 그려보자!

1 무엇을 위한 투자인가?
목표를 정하여 위험을 피하자

세상에는 '쉽게 돈을 벌 수 있다'는 이야기를 듣고 달려드는 사람들이 있다. 만화에서 보면 눈에 원 표시나 달러 표시가 그려진 인물처럼 돈을 아주 좋아하는 사람이다.

머릿속은 통장 계좌와 증권 계좌 잔고의 숫자로 가득차 있다. 돈은 많을수록 좋다. 편하게 잔고가 늘어가는 것을 즐긴다!

이런 사람의 경우 '돈을 늘릴 수 있는 방법이 있으면 당연히 뭐든 해야지!'라고 단순하게 생각하기 때문에 사기성 투자 제안에 빠짐없이 걸려들고 만다.

그렇다면 사기성 투자 제안이란 어떤 것일까?

그 성질을 분류해 보면 크게 두 가지로 나눌 수 있다.

1. 애초부터 투자자의 돈을 가로챌 생각으로 설계, 판매, 운용되는 것

처음부터 운용할 생각이 없거나 혹은 예상했던 이율이 나오지 않을 것을 예측하고 설계, 판매되는 상품이다.

높은 이율을 강조하면서도 그것을 실현할 수 있다고 자신들도 전혀 생각하지 않는다. 완전하게 투자자를 속일 생각으로 만든 사기 제안이다.

2. 상품 설계에 무리가 있어 결과적으로 투자자의 돈을 줄이는 것

처음에는 투자자의 돈을 가로챌 생각이 없었지만, 상품 설계가 허술해 결과적으로 마이너스가 되는 상품이다.

어느 쪽이든 투자자는 손실을 내게 된다.

그러나 이런 사기성 제안에 걸려드는 사람은 한번 당했음에도 같은 실수를 반복한다.

그 이유는 지금까지 여러 번 해서는 안 된다고 말한 것으로, 목표를 설정하지 않고 투자를 하고 있기 때문이다. 게다가 가능한 한 단기간에 큰 금액을 기대하는 만큼 결과적으로 허황된 이야기에 끌리게 된다.

목표 설정을 하지 않았다는 것은 사실 그렇게 필요치 않은데도 투자로 돈을 늘리려고 한다는 뜻이다. 구체적으로 필요한 이유가 있다면 그게 목표가 되니 말이다.

즉, '파리에 가고 싶다', '뉴욕을 가겠다'라는 명확한 목표가 없이 인천 공항으로 우선 가보는 것과 같다.

또 단기간에 큰 금액이 돌아오길 원하는 것은 엄청나게 가속도가 붙는 차량을 이용해 목적지에 가려는 것과 같다. 근처에 있는 편의점에 가기 위해 제트기를 이용하겠는가? 일반적으로는 그렇지 않다.

그러나 목적도 목표도 없이 단기간에 큰 돈을 얻으려는

것은 집 근처의 편의점에 제트기를 몰고 돌진하는 것과 같다. 그런 일을 하면 의도한 목적지에 도착할 수 없으며 큰 사고를 낼 수도 있다.

'단기간에 큰 수익이 돌아온다'는 것은 위험도가 높다는 말이다. 투자를 할 때는 목표 없이, 아무 생각 없이 제트기에 올라타서는 안 된다.

물론 고위험의 투자 이야기가 모두 사기성을 띤다고는 할 수 없다. 잘하면 제대로 이익을 낼 수도 있다.

그러나 빠른 속도의 차량에 타도 좋을 때는 위험을 감수할 수 있는 상태가 된 뒤여야 한다.

게다가 연간 15%~20%가 넘는 수익을 안정적으로 내는 것은 투자의 귀재라도 어려운 일이다.

게다가 그런 것을 뛰어넘는 훌륭한 제안이 있다고 해도, 일반 투자가인 우리에게 일부러 소개할 리가 없다. 큰돈을 만들 수 있는 우량 투자가만으로도 모든 자리가 메워질 것이다.

그런데도 눈에 원 표시와 달러 표시가 새겨져 버리면 그냥 돌진하여 99% 실패해 버린다. 게다가 연속으로 여러 번 걸려든다.

왜냐하면 처음에 잃어버린 자산을 어떻게든 되찾으려 초조해하기 때문이다. 만일 50%의 자산을 잃어버린 후 그 손실을 만회하려면 남아 있는 50%의 자산을 두 배로, 즉 100%의 수익으로 만들어야 한다.

일반적인 투자에서는 이를 실현하려면 10년 이상 걸리기 때문에 '그렇게 기다릴 수 없다!'며 초조해져 단기간에 큰 수익을 낸다고 하는 투자 제안에 또 손을 대게 되어 버린다.

확실히 투자에는 감수해야 할 위험이 있다. 그러나, 그것은 적정한 위험을 감수하자는 것이지 목적이나 허용 범위를 넘어서는 불필요한 위험을 감수해서는 안 된다. 그것만은 꼭 명심하기 바란다.

2 '잔고주의'와 '보험 상품'은 불필요한 투자를 유발한다

결국 쉽게 돈을 벌 수 있다는 이야기에 바로 뛰어드는 이유는 줄곧 내가 비판하는 '잔고주의'가 독처럼 퍼져 있기 때문이다.

잔고주의로는 절대로 행복할 수 없다.

만일 잔고가 증가해도 용도를 결정하지 않았기 때문에 끝없이 잔고를 늘리려고만 하고 쓸데없는 투자에 손을 대다가 결국 실패해 버린다.

실패해 버리는 것은 목표가 없기 때문에 적정한 위험을 판단할 수 없는 탓이다. 투자에서는 어디에 목표를 설정하는가로 자신이 감당해야 할 적정한 위험(=투자 속도)을 판단해야 한다.

지금까지 잔고에 집착하는 사람을 여러 명 봤다. 잔고보다 용도의 목표를 정하라고 충고해도 좀처럼 통하지 않는다.

자산이 몇 십억이나 되는데도 고민하고 있는 사람이 많다. 정말 안타깝지 않은가?

칼럼에서도 얘기했지만 우리 모두가 안심하기 위해 가입하는 보험도 내 관점에서 보면 대부분 쓸데없는 투자다.

자산이 적고 부양해야 할 자녀가 있는 경우 등을 제외하고는 보험을 해약해도 괜찮을 것이다.

대부분의 사람들은 보험을 해약하고 쓸데없이 내고 있던 보험료를 다른 투자로 돌리는 편이 훨씬 효율적이고 의미 있게 돈을 사용하는 것이 된다.

여러분은 연금형 보험으로 운용하고 있다고 생각할지 모르지만, 더 좋은 이율의 해외 적립 투자로 돌리는 것이 더 효율적이다.

3 자신에게 필요한
   투자 '설계도' 그리기

그렇다면 쓸데없는 투자에 대해 생각해 보자.

실컷 쓸데없는 투자에 대해 말했으니 이제 충분히 이해했겠지만, 필요한 투자란 명확한 목적이 있고 그에 맞게 투자하는 것이다.

스스로 돈의 용도를 세세히 검토해 필요한 것을 향해 펀딩(자금 조달)하는 이미지를 갖게 되면 이해하기 쉽다.

실제로 필요한 투자의 '설계도'를 그리는 방법을 생각해 보자.

대략적으로 말하면 처음에 목적지를 정하고 그것을 위

해서 얼마가 필요한지를 검토하고 계산해서 그에 맞는 운용 상품을 결정한다. 그것이 바로 '설계도'를 그리는 방법이다.

일단 목적지를 설정하자. 자녀 교육 자금을 예를 들어 생각해 보자.

아이가 유치원에 들어가기 전이면 앞으로 얼마나 교육을 받게 할 것인지, 아이가 원할 경우 얼마나 희망을 이뤄 줄 수 있을지 등 목적지를 생각하기 시작할 것이다.

- 국립대학
- 사립대학 문과
- 사립대학 이과
- 사립대학 의예과
- 대학원까지
- 미국 아이비리그 진학

대강 생각해도 교육에 대해서는 가정에 따라 생각이 크

게 다르기 때문에 목적지는 매우 다양할 것이다.

그만큼 소요되는 금액의 폭도 크기 때문에 각자 제대로 필요한 금액을 계산하자.

금액이 산출되면 그 금액을 달성하기 위한 운용 방법을 생각하자.

자녀가 지금 2~3살이면 고등학교 졸업 때까지 15년간 목적지에 필요한 자금을 조달해야 한다. 그러려면 15년간의 운용 상품을 선택하고 15년 후에 목표액을 달성할 수 있는 금액을 매달 투자에 충당하면 된다.

만약 1억원이 필요하다면 해외의 적립 투자 등에서 복리를 예상하면 1억원에 도달하는 금액은 3000만원이다. 아이가 3살 때의 3000만원이 15년 후에 1억원이 되는 펀딩이 된다.

물론 목적지는 하나가 아니다.

그 밖에 '딸의 성인식에는 드레스를 맞춰주겠다.'라면

다양한 드레스 중에서 원하는 것을 선택하고 그 밖에 화장, 소품, 사진 비용 등을 포함해 얼마가 드는지를 확실히 해야 한다.

그리고 딸이 태어나자마자 20년간 운용 투자를 실행하거나, 10살이 되어 하프 성인식(1/2 성인식)을 맞이한 때 다시 10년간의 투자를 준비하는 등, 목적지를 정했을 때부터 준비를 시작한다.

40대 전반에 노후 자금을 면밀히 살펴보면 65세 정도까지 일하는 것을 가정해 25년짜리 운용 상품으로 선택한다.

40세의 1억원은 25년 후에는 5억원이 될 것이라 예상된다.

어쨌든 '앞으로 몇 년에 얼마가 필요한가'를 파악하고 거기에 맞는 투자 상품을 선택한다.

그렇게 해서 각각의 목적지를 향해 하나하나 펀딩해 간다.

펀딩의 한 예로 교육 자금을 들었는데, 교육 자금이라고 하면 '학자금 보험'을 떠올리는 사람이 많다. 다른 자산 형성으로 교육 자금을 조달하려고 생각하는 사람은 매우 드문 것이 지금의 상황이다.

노후 자금도 마찬가지여서 투자하면 위험이 따르고 오히려 줄어들까 봐 걱정하다가 결국 무난한 연금형 보험에 들어 안정을 찾는다. 그러나 대개 자산 형성은 일상적으로 이루어지고 있는 일이다.

목적이 있어 자금을 조달하려면 적극적으로 투자를 활용해야 한다.

4 2가지 목표 설정 시트를 만들어 실천하자!

그럼 이제 목표에 다가가기 위해 필요한 구체적인 작업을 실행해 보자.

미래의 목표는 펀딩이라 생각하고 운용을 시작하라고 말하고 싶다. 그러나 미래뿐만이 아니라 '평촌의 방 4개짜리 단독 주택에서 산다', '매년 한 번은 유럽으로 가족 여행을 간다'와 같은 현재를 위해 준비하고 싶은 자금도 있다.

이런 것들은 연간으로 필요한 금액을 계산해 두기 바란다.

이러한 목표를 달성하려면 2종류의 '목표 설정 시트'를 만드는 것이 좋다.

목표 설정 시트 ①

목적지를 정하고 그 금액을 계산한 시트다.

현재 이루고 싶은 목표와 더불어 교육 자금이나 노후 자금과 같은 장래의 목표도 목적지에 기입한다.

기입하는 금액은 '연간 얼마나 필요한가'를 기준으로 한다.

예를 들어 '평촌의 방 4개짜리 단독 주택에서 산다'라면 매월 집세가 약 400만원일 때 1년에 4800만원이기 때문에 5000만원 정도가 있으면 된다. 그러나 이것은 전적으로 월세로 계산한 금액이고 주거는 대개 반 전세 형태이기 때문에 집세로는 월 100만원 이내의 월세가 적당하다. 그럼 주거비로 1200만원 정도가 있으면 된다.

'매년 한 번은 유럽으로 가족 여행을 간다'는 계절과 기간에 따라 다르지만 4인 가족이라면 1500만원 정도가 필

목표 설정 시트 ①

	인생에서 달성하고 싶은 최고의 용도	금액 (만원/연간)	메모
1	(예) 가족 모두와 함께 연 1회 해외 여행 가기	1500만원	일주일 정도
2	(예) 시내의 미슐랭 가이드 음식점에 매월 가기	600만원	1회 50만원?
3	(예) 아내가 좋아하는 50평 이상의 넓은 집에서 살 기	1200만원	월 100만원?
4	(예) 매월 부모님에게 용돈 보내기	600만원	월 50만원?
5			
6			
7			
8			
9			
10			

요하다.

교육 자금이나 노후 자금과 같은 미래의 목표라면 평균적으로 1년에 얼마가 필요한지를 기입한다.

목표 설정 시트 ②

자금 조달 방법을 설계하기 위한 시트다.

즉, 목표 설정 시트 ①에 기입한 필요 금액을 얻기 위해 어디에서 얼마의 수입이 있어야 하는지를 쓴다.

수입은 '일, 비즈니스 수입(급여나 임원 보수/배당 등)', '투자 수입(임대/배당/이자 등)'의 2개의 항목으로 나눈다.

그리고 항목에 금액을 기입해 가는데 이때 포인트는 모두 현재 상황에 맞춰 쓰는 것이 아니라는 점이다. 현재 상황과 관계없이 필요한 자금을 얻기 위한 길을 '설계하는' 것이 중요하다.

즉, 목적과 그 금액이 확실해지면 '목적'을 바라보며 어디에서 수입을 얻을 것인지 생각한다.

이는 다이어트를 하려고 했을 때 자신의 이상적인 몸을

목표 설정 시트 ② : 투자·비즈니스 설계 시트

최고의 용도에 필요한 금액 (만원/연간)	0	시트①의 합계 금액과 일치
일, 비즈니스 수입(급여나 직원 보수/배당 등)	0	
급여		직장 급여/상여
임원 보수		자신의 비즈니스 급여/상여
배당		자신의 비즈니스 배당
기타		
투자 수입(임대/배당/이자 등)	0	
부동산		부동산 임대 수입
주식		주식 배당 수입
공사채		채권 이자 수입
렌딩		대여 이자 수입
기타 금융 상품		투자신탁이나 적립형 상품, 보험 등
투자 대상 가격 상승에 따른 이익	0	
XXXXXXXXXX		구체적인 것이 있으면 기입
XXXXXXXXXX		

가능한 한 구체적으로 떠올려 그것을 실현하기 위해 도입하는 트레이닝 방법을 생각하고 조합해 가는 과정과 같다.

지금 뚱뚱하다고 해서 뚱뚱한 나를 바라봐서는 그 목표에는 이르지 못한다. 반드시 이상적인 모습을 그리고 거기에 도달하는 방법을 설계하는 것을 잊지 말자.

많이 고민하지 말고 목표 설정 시트 ①에 쓴 필요한 금액의 합계와 수입의 합계가 맞도록 채워 나간다.

이 목표 설정 시트를 머리에 넣고 실제로 비즈니스나 투자를 진행해가다 보면 점차 기입한 금액이 현실화된다.

특히 투자는 해보고 처음으로 알 수 있는 것이 많기 때문에, 확실히 목표를 설정해 두면 실천하면서 자연스럽게 방향을 알아갈 수 있다.

5 좀 더 투자에 눈을 돌려라!

목표 설정 시트 ②에서 '투자 수입(임대/배당/이자 등)', '투자 대상 가격 상승에 따른 이익' 항목에 금액을 기재할 수 있었는가? 이 금액을 늘려 가는 것이 과제라고 생각한다.

가계 자산 중 금융자산 비중

(단위 %)

	한국	미국	영국	일본
비금융자산	64.4	28.1	45.2	37.9
금융자산	35.6	71.9	54.8	62.1

자료: 금융투자협회, 주요국 가계 금융자산 비교(2021.07.07.)

우리와 달리 유럽이나 미국에서는 투자가 상당히 대중적이라는 것은 느낌으로 알고 있을 것이다.

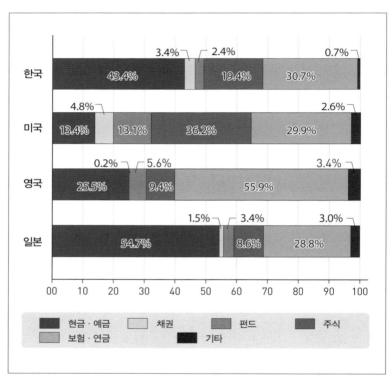

각국 금융자산 내 비중 구성(2020)

한국
43.4% 3.4% 2.4% 19.4% 30.7% 0.7%

미국
4.8% 13.4% 13.1% 36.2% 29.9% 2.6%

영국
0.2% 5.6% 25.5% 9.4% 55.9% 3.4%

일본
54.7% 1.5% 3.4% 8.6% 28.8% 3.0%

00 10 20 30 40 50 60 70 80 90 100

현금 · 예금   채권   펀드   주식
보험 · 연금   기타

자료: 금융투자협회

그러나 실감이 나지 않기 때문에 좀처럼 '그래, 해보자!' 하고 한발 앞으로 내디딜 수 없다.

그래서 유럽(영국)과 미국에서는 얼마나 투자가 대중적인가를 숫자로 나타내 보았다.

도표에서 알 수 있듯이 한국은 부동산 등 실물로 자산 구성이 치우쳐 있다. 그러다 보니 가계의 자금 유동성이 낮고, 은퇴 후 생활에 도움이 되는 꾸준한 현금 흐름을 창출하기 어렵다.

또한 도표(152쪽 각국 금융자산 내 비중 구성)를 보면 한국은 현금, 저축의 비율이 43.4%로 매우 높고 반대로 채권, 펀드, 주식 등과 같은 운용 자산(투자 상품)의 비율은 25.2%로 낮다.

그러나 미국의 운용 자산의 비율은 54.1%로 한국, 일본을 크게 웃돌며 영국의 경우에는 연금을 통한 주식, 채권, 펀드 등 간접 투자 상품 보유 비중이 높은 것으로 보인다.

유럽과 미국에서는 초등학생도 돈에 관한 수업을 받는

데 우리는 가정에서도 학교에서도(전문 교육은 차치하고) 금융 교육을 거의 받지 않는다. 그러니까 금융에 대한 사고가 떨어지는 것이 당연하다.

하지만 그렇다고 이대로 두고 볼 수는 없다.

현금, 저축을 중심으로 자산을 형성하면 긴박한 세계 정세나 재해 등을 계기로 통화의 가치가 변동했을 때 자산이 크게 줄 수도 있다.

이는 우리가 어려워하는 투자보다 고위험에 해당한다고 할 수 있지 않을까?

6 정말로 돈을 두어야
하는 곳은 어디인가?

우리가 주로 어디에 돈을 두고 있는가 보면 압도적으로 금융 기관이 많다. 또한, 이른바 '서랍 통장'이라고 불리듯이 현금으로 집이나 금고에 보관하고 있는 경우도 적지 않다.

이는 앞의 각국 금융자산 구성에서 현금과 저축의 높은 비율을 보면 잘 알 수 있다.

그러나 이는 앞서 설명한 바와 같이 세계 정세가 긴박하게 돌아가거나 대지진 등의 재해가 발생하여 화폐 가치가 크게 변동될 경우 엄청난 위험에 노출될 수 있다.

인플레이션은 일반적으로 일어나는 일이다.

'연간 최소 2~3% 자산이 늘지 않으면 인플레이션으로 줄어든다'는 것이 해외 투자가의 상식이다.

금융 기관에 넣어두어도 초저금리이기 때문에 연 2~3%도 늘어나지 않는다. 하물며 서랍 통장이라면 이자는 0이다.

그럼 어디에 돈을 둬야 할까?

대답은 한마디로 '여러 곳'이 된다. 돈을 두어야 할 곳을 생각할 때 키워드는 '분산'이다.

위험을 적정 수준으로 제어하기 위해 분산하는 것이 투자의 기본이다.

분산시킬 것은 무엇인가? 그것은 '상품', '지역·국가', '통화', '타이밍', '금융 기관' 5개이다.

상품

단 하나의 투자 상품에 투자 전체의 결과가 좌우되는

것을 막기 위해 부동산이나 주식, 채권, 현물 등 성질이 다른 투자처를 여러 개 이용해야 한다.

단 어느 정도 분산시켜야 하는가는 자신이 감당해야 할 위험(=자산 형성 속도) 수준에 따른다.

지역 · 국가

모든 자산을 특정 지역이나 국가의 정세 변화에 따른 위험에 노출되지 않도록 분산시킨다.

한 나라나 지역에 자산이 집중되어 있으면 거기서 전쟁이나 금융 공황이 일어났을 경우에 피해가 커진다.

적어도 피해가 제한되도록 지역이나 국가를 분산시키자.

통화

통화의 가치는 사실 날마다 변한다. 가치의 변동은 곧 환율의 변동으로 나타난다.

한국인이니까 원화가 가장 좋다! 혹은 역시 국제 기축통화로 존재감이 있는 달러밖에 없다!

만약 이렇게 단일 통화에 투자하면 그 통화의 가치에 모든 투자의 결과가 좌우되게 된다.

적어도 3가지 종류의 여러 통화를 조합해 그러한 위험을 방지하자.

타이밍

투자할(=사는) 타이밍, 그리고, 투자를 멈출(=파는) 타이밍을 분산시킨다.

왜냐하면 투자하는 그때, 사려고 하는 상품이 비싼 것인지 싼 것인지 아무도 알 수 없기 때문이다.

또 팔 때도 결과적으로 비싼 값에 팔렸는지 싼 값에 팔렸는지는 나중에 봐야 안다.

그러니 각각 타이밍을 분산해서 투자 전체가 '비싼 값에 사서 싼 값에 팔았다'가 되지 않도록 한다.

매월 혹은 매년 적립하는 방법이 가장 타이밍 분산에 적합하다.

금융 기관

은행, 증권, 보험 등 분야에 관계없이 어떤 금융 기관이든 파산할 위험이 있다.

그리고 만약 파산해 버리면 나라나 상품에 따라서는 구제 조치가 있는 경우도 있지만 기본적으로 중요한 자산이 모두 사라질 가능성이 있다.

이러한 위험을 피하기 위해 여러 금융 기관에 자산을 분산시켜 두자.

이렇게 잘 분산시키면 위험을 과도하게 두려워할 필요가 없다. 사실 잘 생각해 보면 우리는 어느 정도 위험한 세계에서 평범하게 살고 있는 것이다.

예를 들어, 무심코 먹은 스낵 과자. 나중에 건강을 해치는 요인이 될 수 있다.

교통사고가 무섭다고 차를 절대 타지 않는다? 아니다, 그럼에도 탄다.

투자의 위험도 자신에게 적정한 수준으로 분산시키면

된다. 그러니까 너무 두려워하지 말고 해보자.

그리고 현금, 저축으로 많은 자산을 가지고 있는 것이
위험도가 높다는 사실을 기억하자.

내가 체크해야 할 일

제5장
내 지갑에서 자유로워지다!

자산을 형성해 나가기 위한 중요 도구는
뜻밖에도 남의 지갑이었다!?
내 지갑에 매달리기보다
'나를 도와줄 남의 지갑도 있다'는
사실을 기억하고 좀 더 자유롭게 자산을 설계하자!

편집자 註 : 제5장의 은행 대출 이용하기는 현재 국내의 대출 정책에
따라 일반인들이 실현하기에는 무리가 있을 수 있습니다. 그러므로 원
리와 현상을 이해하고 향후 포토폴리오를 짜는 데 참고하기 바랍니다.

1 '빚=나쁜 것'이 아니라는 이야기

알고 있는가?

사실 빚은 '마법의 지팡이'라는 것을 말이다.

우리들은 국가의 금융 정책 속에서 살고 있기 때문에 깨닫기 어렵지만, 밖에서 보면 우리 사회는 '빚 천국'이다.

비록 빚을 지더라도 이자가 극히 낮기 때문에 상환액은 거의 빌린 금액과 다르지 않다.

그렇다면, 빚을 안 낼 도리가 없다!는 뜻이다.

자산 형성을 생각할 때 자신의 지갑(통장)에 돈을 모으는 통장 잔고주의인 사람들.

한국은행 기준금리 변동 추이

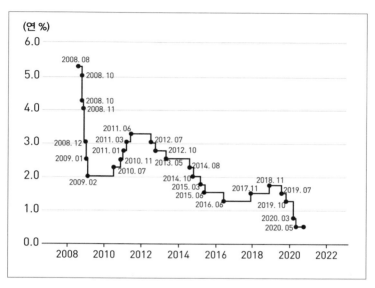

2008년 2월까지는 콜금리 목표 / 2008년 3월부터는 한국은행 기준금리
자료: 한국은행 홈페이지

그러나 해외 투자자는 빚, 즉 남의 돈을 빌려서 더 빨리,
더 큰 자산을 만드는 법을 알고 있다.

빚을 내면 자기 지갑에 없는 돈을 손에 넣을 수 있다. 물론 갚을 필요는 있지만 저금리이기 때문에 사실 빌렸을 때의 금액과 상환액이 크게 변하지 않는다.

남의 지갑에서 빌린 만큼 자기 지갑의 돈을 투자로 돌리면 단순히 통장 잔고를 늘려가는 것보다 훨씬 효율적으로 자산을 만들 수 있다.

2021년 현재 금융 기관과 대출자의 상황에 따라 다르지만, 은행에서 대출 시 금리는 대략 2~5% 내외다. 한편, 해외의 적립 투자로 연 7~8% 수익을 전망할 수 있는 상품이 많기 때문에 이 금리 차이를 생각하면 자산에 차이가 생기는 것도 이해가 갈 것이다.

2 올리고 싶어도 못 올리는 안정된 저금리

금리는 변동하는 것.

지금이 저금리라고 해서 앞으로도 계속 낮을지는 알 수 없다. 빚을 냈는데 금리가 올라가면 어떡하지? 그렇게 생각하는 사람이 있을지 모른다. 물론 미래를 단언할 수는 없지만 대개 정부는 금리를 올리고 싶어도 쉽게 올릴 수 없다. 그것이 현실이다. 그 이유는 나라도 막대한 빚을 지고 있기 때문에 금리를 올리면 나라가 상환해야 하는 금액도 커져 버리기 때문이다.

나라 자체가 빚투성이인 상태에서 만약 금리를 올리면 이자 지급 부담이 터무니없이 늘어나기 때문에 당분간은 안정적인 초저금리를 이어갈 수밖에 없다.

특히 부동산의 경우 내 집을 살 때도 수익 물건을 살 때도 조건에 따라 다르지만, 거의 모든 금액을 대출받는 형태로 구입을 검토할 가치가 충분히 있다. 주택 담보 대출의 금리는 사람에 따라 따르지만 신용 대출에 비해 더 낮은 편이다.

또 사업 시 창업 자금도 개인 파산과 같은 문제가 없었다면 기본적으로 은행에서 일정 금액은 빌릴 수 있다.

3 '빚=나쁜 것'의 사고에서 벗어나자!

빚을 나쁜 것이라고 생각하는 사람이 많을 것이다. 하지만 그것은 완전히 오해다.

아마도 영화나 드라마, 소설처럼 허구의 세계에서 빚을 진 탓에 인생의 나락으로 떨어지거나 빚쟁이에게 쫓겨서 곤욕을 치르는 장면 때문일 것이다.

하지만 아주 상식적인 방법으로 빚을 내면 그런 일은 있을 수 없다. 위험한 대부업체에서 빌리는 것이 아니라면 빚쟁이가 쫓아오는 일은 절대로 없기 때문에 안심해도 좋다.

생활에 필요한 재산을 압류당하는 일도 거의 없다. 법률로 채권자는 생활에 필요한 것까지 빼앗아서는 안 된다고 정해져 있기 때문이다. 그리고 원래 현금 이외의 자산은 압류 후 현금화하지 않으면 안 되어 귀찮기 때문이기도 하다. 채권자도 가능하다면 그런 일은 하고 싶어 하지 않는다. 도박으로 떼먹을 생각이 없는 한 빚에는 부정적인 요소는 별로 없다.

사회인 경험이 있는 사람은 이해하기 쉬운데, 예를 들어 회사나 신규 사업을 일으킬 때 프로젝트를 위해 필요한 자금을 빌리는 것은 매우 일반적이다.

출자에 해당하는 주식이나 자기 자금에 은행에서 돈을 빌려 여러 방법으로 자금을 조달한다. 자기 돈으로만 자금을 조달하는 회사는 거의 없다.

이와 같은 일을 가정에서도 한다고 생각하면 된다.

부동산을 사는 것도, 자녀를 교육시키는 것도 가정의 프로젝트다. 그래서 프로젝트를 위해 자기 자금과 대출로 자금을 조달한다.

그리고 자기 자금(자신의 지갑)과 빚(남의 지갑)의 균형을 어떻게 맞출 것인지, 각자의 상황에 따라 설계하면 된다.

회사는 자기 자금만으로 프로젝트를 완수하려고 하지 않는다. 빚을 제대로 활용하고 있다.

개인도 자신의 지갑에만 구애 받지 않고 타인의 지갑에서 도움을 받아 프로젝트를 실행하는 것은 전혀 나쁜 것이 아니다.

빚은 프로젝트를 수행하고 자산을 형성하는 도구로서 선택지의 하나에 지나지 않는다.

내 생각으로는 현금은 비장의 카드이기 때문에 가능한 한 보관해 두고 싶은 것이다. 뭔가를 사려고 할 때 가지고 있는 현금을 줄이는 것은 트럼프 게임에서 강한 조커를 사용해 버리는 것과 같다.

빚이 나쁘지 않다는 것을 알면 조커를 쓰지 않고 보관해 두었다가 그걸로 투자할 수 있다. 또, 그 빚을 필사적으로 조기에 상환하려고 노력할 필요도 없다.

연리 5% 미만의 빚을 지고 투자하여 연리 7% 이상의 수입을 얻는다. 여러분도 이게 합리적이라는 것을 그대로 받아들이게 될 것이다.

4 빌린 돈을 갚지 못하는 것은 그렇게 나쁜 것일까?

사람들은 대개 실제로 빚을 갚지 못하면 자책한다. 주변에서도 인권을 짓밟는 수준으로 '돈을 갚을 수 없는 녀석이 나쁘다!'라고 단죄한다.

나는 이런 풍조가 사람을 몰아붙이고 때로는 목숨마저 빼앗아 버리는 최악의 결과를 초래한다고 생각한다. 안 좋은 경향이다.

물론, 친족이나 친구 등 실제 인간관계에서 빚을 졌다면 갚을 수 없는 경우 상대방에게 폐가 된다.

그러나 금융 기관에서 빌린 경우는 분명히 말해서 그다지 신경 쓸 일은 없다.

그 이유는 두 가지가 있다.

우선 하나는 금융 기관은 빚을 내주는 프로이기 때문이다. 돈을 빌려주는 일을 전문으로 하며 지금까지 빌려준 경험과 지식이 있다.

이런 빚은 '내주는 프로'가 심사를 하고 이쪽이 갚을 수 있도록 융자 조건을 미리 결정한 후 빌려주는 것이다. 만약 갚을 수 없다면 그 책임의 일부는 심사를 진행한 금융 기관에 있다. 금융 기관 여신의 기준과 판단이 잘못된 것이다.

빌린 사람의 책임이 없다고는 말할 수 없지만, 적어도 절반은 심사의 프로가 실수한 것에 책임이 있다.

빚을 내주는 은행이 프로이다. 빌리고 빌려주는 경험으로 비교해도 보통 빌리는 사람은 도저히 '프로'라고 말할 수 없다.

은행은 전문가가 심사하고, '이 정도라면 빌려줄 수 있다'는 연수와 금리를 융자 조건으로 설정했을 것이다. 위험도가 높으면 금리를 높이거나 연수를 짧게 설정했을 것이다.

빌린 쪽은 그저 프로의 심사 결과에 따랐을 뿐이다.

제대로 심사가 이루어졌다면 채권자와 채무자는 대등한 관계다. 채무자가 굽실거리거나 갚을 수 없다고 과도하게 죄책감을 가질 필요는 없다.

원래 은행은 돈을 빌려주지 않으면 장사를 할 수 없다. 대출 이자가 은행 수익원의 큰 기둥이기 때문이다.

은행은 그때그때 상황에 따라 대출에 적극적이거나 소극적이지만 많은 은행이 모두 같은 시기에 소극적이 되지는 않는다. 어딘가는 반드시 적극적으로 빌려주고자 하는 곳이 있다.

그러므로 빌리는 사람은 손님인 거다. 은행이 더 갑인 것은 아니다.

자신은 빚을 지지만 은행 입장에서는 고마운 고객이다. 그렇다면 긍정적인 마음으로 돈을 빌릴 수 있지 않을까?

또 다른 이유는 은행이 대출해 주는 돈은 장부상의 금액일 뿐 실제 돈이 아니라는 것이다.

은행은 저축으로 보관하고 있는 돈의 몇 배나 되는 금액을 장부상으로 융자에 충당할 수 있다. 즉, 무에서 만들어 낸 숫자로 대출을 하는 것이다.

어떻게 그런 일이 가능한가 하면 은행에는 '신용창조'●라는 기능이 있기 때문이다.

간단히 설명하겠다.

고객에게 저축으로 받은 실제 돈이 우선 은행에 들어간다. 이건 저축이니까 기본적으로 은행에 넣어두는 돈이다. 갑자기 전액이 인출될 가능성은 일단 없다.

이때 은행은 고객이 현금을 인출할 때를 대비해 '지불준비금'을 어느 정도 남겨두고 그 금액을 넘어서는 금액은 대출로 돌릴 수 있다.

예를 들어 은행의 통장 계좌에 천 만원의 저축이 있다

● 신용창조(credit creation, 信用創造) : 시중은행에 의한 예금통화의 창조

고 하면, 천 만원의 몇 배나 되는 금액을 다른 사람에게 융자할 수 있는 것이다.

여기서 은행은 저축의 5배인 5천만원까지 대출해 줄 수 있다고 하자.

은행이 돈을 빌려줄 때 실제로 5천만원을 가지고 있을 필요는 전혀 없다. 5천만원을 빌려 줄 때 장부상에 '대출채권 5천만원, 빌리는 사람 계좌에 5천만원'이라는 숫자를 단지 기록할 뿐이다. 은행에는 신용이라는 것보다 채무(빚)를 무에서 만들어내는 힘이 있기 때문에 5천만원의 채권을 창조할 수 있다(이렇게 생각하면 신용창조라기보다 채무창조나 채권창조라고 하는 편이 좋을지도 모르겠다).

그러니까 만일 채권을 회수하지 못해도 은행은 실제로 돈을 잃지는 않는다. 빌려주든 말든 장부상의 숫자에 지나지 않으니 말이다.

이것이 제2금융권이나 사채업이라면 이야기가 달라진다. 은행과 같은 신용창조 기능이 없기 때문에 채권(빌려준

돈)을 무에서 창출할 수 없다.

그래서 자신들이 직접 빌리는 등 실물 화폐를 조달해서 그 자금을 빌려준다.

대출하는 돈의 출처가 은행과는 전혀 다르기 때문에 그만큼 금리가 높아진다.

만약에 은행에 빌린 돈을 갚지 못하더라도 은행의 실물 화폐를 뺏는 것이 아니다.

이런 사실을 알기만 해도 마음이 상당히 편해지지 않는가?

만약 은행 이외에도 사채, 혹은 친척이나 친구에게 빚을 졌다면 은행보다는 실물 화폐로 빚은 내준 쪽에 먼저 갚아야 하는 이유이기도 하다.

5 '부동산'이라는 리썰 웨폰
(Lethal Weapon, 무기)

내 지갑(자기 자금)과 남의 지갑(빚)의 균형을 생각했을 때, 부동산과 사업의 창업 자금은 거의 남의 지갑에서 조달이 가능하다는 사실을 이미 언급했다.

여기서는 특히 부동산이라는 최강의 히든 카드, 리썰 웨폰에 대해 설명하겠다

어떻게 부동산이 리썰 웨폰이 될 수 있을까? 그건 토지 건물에 큰 담보 가치가 있기 때문이다.

예를 들어 금융 기관 입장에서 보면 똑같이 비싼 것이라도 보석이나 그림은 동산이기 때문에 담보로 차압하려

할 때 실패할 가능성이 있다.

그러나 토지 건물인 부동산은 확실히 압류할 수 있다.

그러한 담보 가치가 있는 부동산을 우리는 타인의 지갑으로 살 수도 있다. 그러니 리썰 웨폰이라고 말하지 않을 수 없다.

자신의 지갑만으로 자산을 증가시키기에는 아무래도 한계가 있을 수밖에 없다. 노동의 대가만으로 크게 버는 것은 어렵기 때문에 그 이외에 자신의 지갑을 부풀리려면 생각지도 않은 유산 상속을 기대할 수밖에 없다.

그러나 다른 사람의 지갑으로 부동산을 취득하고 부동산에 투자하여 자산을 늘릴 수 있다. 반드시 써야 하는 무기라고 생각한다.

지금 현재 내 집을 샀고 곧 다 갚을 것이거나 이미 다 갚은 경우는 그 집에도 감춰둔 금괴와 같은 가치가 있다.

남의 지갑으로 살 것도 없이 내가 가진 부동산이기 때문에 담보 여력(=대출 한도)이 남아 있기 때문이다. 그 여력을 이용하여 대출할 수 있다.

물론 집이 있는 곳에 따라 다르지만 대도시나 도시 근교라면 담보 가치가 인정될 가능성이 충분히 있다.

내 집을 담보로 저금리로 빚을 내고 그것을 이자율이 높을 것이라 전망되는 투자처로 다시 돌려만 두어도 이자의 차액이 들어온다.

집을 갖고 있다면 자산을 늘리는 방법이 있다. 하지만 그걸 알아채지 못하면 소용이 없다.

그야말로 '숨겨진 금괴'가 아닐까?

6 갑작스러운 지출이나 아이디어에 사용하는 것도 저축 잔액보다 파이낸스가 유리하다

제1장에서 일할 수 없게 되거나 재해를 입었을 때와 같이 '무슨 일이 생겼을 때'를 위해 통장 잔고를 마구 늘리려고 할 필요는 없다고 설명했다. 그러한 절박한 상황이 아니어도 예를 들어 욕실에 물이 새어 공사를 해야 하거나 가까운 친척이 해외에서 결혼식을 올려서 축하금에 이동 비용 등이 필요한 경우 등 갑작스러운 지출이 생겨 곤란할 때가 있다.

또, 아직 창업까지는 아니지만 만들고 싶은 것이나 서비스가 있거나 사업상 기획한 문제를 해결하고 싶은 경우 등, 먼저 테스트해 볼 만한 자금이 필요할 때도 있다.

하지만 이런 경우에도 적금에서 돈을 쓸 필요는 없다. 얼마든지 다른 방법이 있다는 것을 알아야 한다.

즉, 파이낸스 수단(자금 조달 수단)으로 사용할 수 있는 타인의 지갑을 몇 개 생각해 두자.

물론 제일 먼저 생각할 수 있는 것이 저금리로 빌리기 쉽다는 점을 설명한 은행 대출이다.

여러 가지 대출 종류가 있고 리모델링 대출이나 차량 대출과 같이 용도가 정해져 있는 것이라면 금리는 한층 더 낮게 책정되어 있다.

시중 은행에는 특별히 용도가 지정되어 있지 않은 자유로운 대출도 있어서 필요에 따라 선택할 수 있다.

또한 각종 지원금과 보조금도 자격이 있다면 언제든지 신청하여 받아도 되는 돈이다. 세금이 면제될 수도 있다.

특히 코로나 바이러스 감염증 확대의 영향으로 중장기

재난 운영 지원금을 시작으로 한 다양한 제도가 마련되었고, 이외에도 질병 수당처럼 기존의 제도를 확대 적용하여 코로나에 대응하려는 움직임도 있다.

이러한 제도를 알고 있는 것과 모르고 있는 것에서 큰 차이가 생긴다. 알고 있으면 남의 지갑에서 다양하게 지원받을 수 있는데, 모르면 모두 자신의 지갑에서 해결해야 하기 때문이다.

지원금과 보조금은 코로나 관련을 빼고는 대대적으로 알려주는 경우는 거의 없다.

따라서 신청 요건을 충족하더라도 받을 수 있다는 사실을 모르는 사람이 많다. 그러므로 스스로 알아보는 것이 관건이다.

전국적으로는 독특한 지원금, 보조금도 많이 있기 때문에 자신이나 가족과는 관계가 없다고 생각하지 말고 찾아보면 뜻밖에도 지급되는 것이 있을지 모른다.

국가는 물론 지방 자치 단체까지 확인하여 받을 수 있

는 것은 계속 받자.

이외에 크라우드 펀딩도 타인의 지갑이며 퍼포먼스 등을 통해 여러 사람에게 알릴 수 있는 사람이라면 SNS의 공연 관람 시스템 등도 사용할 수 있다.

확고한 생각이나 비전을 주변이나 사회에 확산시킬 수 있는 사람, 주변 사람을 끌어들이는 데 능숙한 사람이라면 좋은 결과를 낼 수도 있다.

7 최고의 자산 형성술

정부가 저금리 금융 정책을 이어가고 있어 당분간 금리가 상승할 가능성이 낮을 경우, 그 장점을 살린 4단계의 가장 빠른 자산 형성술을 제안한다. 나 자신이 실천하여 자산을 늘린 방식으로 나는 이 방식을 '투자의 황금율'이라고 부른다.

1단계 : 일 · 비즈니스

먼저 일이나 비즈니스에서 수입을 얻어 토대를 만든다. 토대를 만드는 것은 세 가지 의미에서 중요하다.

❶ 원금이 늘어나는 구조 만들기: 투자로 돌리는 원금을
  매월 반드시 확보
❷ 현재의 생활 보전: 자신과 가족의 생활을 보장하기 위해
❸ 미래의 생활 보전: 노후 자산을 위한 투자 원금을 위해

만약 스스로 사업을 일으킨다면 대출이나 지원금 등 타
인의 지갑에서 상당한 도움을 받을 수 있다.

2단계 : 부동산

1단계로 자신이나 가족의 생활을 지킬 수 있다는 확신
이 서면 자신의 지갑과 타인의 지갑과의 균형을 생각하면
서 부동산에 투자한다.

거듭 말하지만 은행의 저금리를 이용해 담보 가치가 높
은 부동산을 자신의 지갑에서 많은 돈을 꺼내지 않아도 구
입할 수 있다. 이게 가장 큰 장점이다!

투자를 위한 자기 자금을 적게 억제하면서 고액 투자가
가능하다. 이른바 '지렛대의 원리'로 자기 자금의 수익성을

높이는 레버리지(leverage)* 형 투자가 된다.

구체적으로는 적은 자기 자금과 고액의 대출로 구입한 수익 물건을 임대로 내놔 집세나 월세 수입을 얻는다. 또는 저렴하게 살 수 있는 물건이라면 더 높은 가격으로 되팔 수도 있다.

대개 부동산 투자는 투자 중에서도 '중위험, 중수익율'이라고 불리는 비교적 안정된 방법이다.

꾸준히 부동산에 투자하여 자산을 늘리고 거기서 얻는 현금을 다음 투자로 돌린다.

3단계 : 종이 자산(페이퍼 에셋)

다음은 '종이 자산', 즉 페이퍼 에셋에 투자한다.

종이 자산이란 주식(상장 기업/벤처 기업 등 여러 단계의 것)이나 공사채뿐만 아니라 자금이 필요한 회사 등으로의 융자(=렌딩)나 각종 사모펀드(돈을 모으는 펀드 중에서도 일부

● 레버리지(leverage) : 기업 등이 차입금 등 타인의 자본을 지렛대처럼 이용하여 자기 자본의 이익률을 높이는 것

투자가에 한정적으로 모집되는 것), 해외의 헤지펀드 등을 가리킨다.

종이(최근에는 거의 전자화됨)로 관리하기 때문에 자산의 실체는 눈에 보이지 않는다.

페이퍼 에셋은 성장 과정의 회사(벤처) 주식에 투자하면 투자 원금이 0이 되는 일도 생기지만 드물게 수익이 100배 이상이 되기도 한다.

그러므로 자산이 얼마 없는 상태일 때 하나의 투자처에 집중해 만약 원금이 사라지면 게임을 이어갈 수 없게 된다. 그렇기 때문에 자신에게 맞은 투자 대상을 여러 곳 선택해 하나가 0이 되어도 다른 곳에서 만회할 수 있도록 하는 것이 중요하다.

여러 곳에 투자해 두면 몇 개의 투자처에서 손실이 나도 하나에서 큰 수익이 나면 전체적으로 괜찮은 수익을 만들 수 있다.

그렇게 해서 자산 규모를 늘려 나가다 보면 최저 투자액이 매우 높아 일반적으로는 손 대기 어려운 페이퍼 에셋에도 투자할 수 있게 된다.

4단계 : 부동산 이외의 실물 자산(리얼 에셋)

3단계까지만 실행해도 위험도가 높은 것에 투자할 수 있는 경험이나 여력을 갖게 된다. 그래서 마지막으로 부동산 이외의 실물 자산(부동산도 실물 자산)에도 투자한다.

부동산 이외의 실물 자산이란 구체적으로 그림이나 조각 등의 미술품이나 희소가치가 있는 연대물의 옛날 동전, 보석이나 주얼리, 위스키나 와인 등 취미성이 높은 상품도 포함되며, 투자 대상으로서의 위험도는 지금까지와 비교해서 좀 더 높다고 할 수 있다.

그러나 종이가 아닌 실물 자산이기 때문에 인플레이션 내성이 높은 것이 가장 큰 장점이다. 자산 형성의 최대의 적인 인플레이션을 피하고 자산의 가치를 지키기 쉽기 때문에 부유층은 빠짐없이 실물 자산에 투자한다.

4단계까지의 모든 것을 실천하지 않아도 3단계에서 이

미 목표 자산을 달성했다면 3단계까지만 해도 괜찮다.

그 시점에서 은행 등에 목돈을 예치하여 자산의 가치를 확실히 유지하거나 가족에게 제대로 남기는 것으로 전환해도 좋다.

또한 돈을 빌리기 너무 어려운 사람이라면, 1단계 후에 3단계, 4단계로 진행해도 좋다. 어디까지나 내 이론은 모범적인 예이기 때문에 그것을 이해한 후 자신에게 맞는 방법을 취하면 된다. 사람들은 돈에 대해 배울 기회가 거의 없기 때문에 어쩔 수 없지만, 사회에 만연한 다양한 믿음이나 오해가 자산 형성을 방해하고 있다.

그것을 아는 것만으로도 생각은 확실히 바뀌게 된다.

우선은 흔히 생각하는 '빚은 부끄러운 것이다', '노동의 대가로 돈을 벌어야 한다', '남에게 의지하지 않고 자신이 어떻게든 해야 한다'고 하는 가치관을 버리자.

그리고 더더욱 글로벌화를 생각해야 하는 앞으로의 시대에 '돈의 상식'이라는 면에서도 세계 기준을 목표로 나아가자.

내가 체크해야 할 일

에필로그

올바른 자산 형성으로 많은 분이 이상적인 라이프 스타일을 즐기면 좋겠다! 그렇게 생각한 지 약 3년 후 드디어 두 번째 책을 출간하게 되었다.

그동안 강좌나 컨설팅으로 많은 사람들을 도우면서 인생이 달라지는 모습을 많이 봐왔다. 그럴 때마다 이 일을 하고 있어서 다행이라고 진심으로 느꼈다.

사람을 도울수록 보람도 커져 '더 많은 사람들에게 확산시켜야겠다!'라는 생각이 날마다 더 강하게 든다.

이 책의 주제는 쓸데없는 돈이나 자산, 가진 것, 일이나 경력을 버리는 것이다. 그리고 꼭 필요한 만큼을 목표를 정해서 가질 수 있는 방법과 이렇게 함으로써 인생이 즐거워진다는 진리를 깨닫게 하는 것이다. 이것들을 생각하다 보면 무엇을 위해 갖고 있는지, 그 '의미'를 깊게 추구하게 된다.

예를 들어 가진 사람과 가지지 못한 사람의 격차가 전 세계적으로도 문제가 되고 있는 상황을 생각하면 돈의 '의미'에 도달할 것이라 생각한다.

가진 사람은 어떻게 하면 돈과 자산을 자신과 주변 사람을 위해 더 잘 쓸 수 있는지, 즉 가질 자격이 있는가를 생각한다. 가진 것의 의미를 추구하면 자연스럽게 그 해답이 나올 것이다.

그리고 못 가진 사람은 무엇에서 의미를 찾아야 행복한 삶을 찾을 수 있는가?

이를 사회 전체가 진지하게 생각하게 되었다. 개인적인 소유물, 재산을 고집하는 것에서 보다 나은 '세계'나 '사회'를 생각하는 사람이 많은 시대가 되었다.

또한 경제를 선도하는 기업의 활동도 마찬가지다.

인구 증가나 기후 변화, 그 외의 환경 문제가 인간의 존재를 위협할 정도가 되었다는 것을 많은 사람이 이해할 수 있는 세상이 되었다.

그 때문에 단지 실적이 좋은지보다 ESG(환경, 사회, 거버넌스[*])를 키워드로 하는 지속 가능성이나 환경 보호에 대한 대처가 얼마나 이루어지고 있는지가 기업의 가치나 존속에 큰 영향을 미치게 되었다.

이제 기업은 진정으로 더 나은 세상을 위해 활동하고 있는지, 그리고 도대체 무엇을 위해 존재하는지에 대해 답해야 하는 상황이 되었다.

게다가 코로나 바이러스 감염증의 전 세계적 유행은 이러한 흐름에 박차를 가했다.

국가 간 이동 제한이나 각국의 통행 규제, 락다운으로 정말로 풍요로운 생활이란 어떤 것인지, 반드시 대면해서

● 거버넌스 (governance) : 공통된 목표를 위해 상이한 집단(기구)들이 수평적으로 협력하는 조직체계

만나고 싶은 중요한 사람은 누구인지, 혹은 시간을 보내고 싶은 장소는 어디인지…… 등, 한 사람 한 사람이 생각을 바꾸는 큰 계기가 되었다.

종합해 보면 지금이야말로 정말로 소중한 것을 다시금 깨닫는 시대라고 생각한다.

그래서 지금은 행복으로 이어지는 자산 형성을 배울 수 있는 매우 좋은 시기다.

우리는 매일매일 두 번 다시 없을 귀중한 시간을 보내고 있다. 그 소중한 시간을 한순간이라도 즐겁지 않은 상태로 보내는 것은 무척 안타까운 일이다.

어린 아이가 아침에 일어나는 순간부터 놀기 시작해서 밤에 불이 꺼질 때까지 온 힘을 다해 놀듯이 어른들도 하루하루가 즐거워야 한다.

일도 놀이처럼 즐기고 가슴 두근거리는 어른들만 있는 세상을 만들고 싶다! 이것이 나의 큰 꿈 중 하나이다.

예를 들어, 개개의 직장으로 출근하는 모든 직장인이 매일이 즐거워서 휘파람을 불며 가벼운 발걸음으로 출근하게 된다면 사회의 분위기는 완전히 달라질 것이다(왜 지금은 한 사람도 그렇게 출근하는 사람이 없는 것일까?). 그리고 어른이 전력을 다해 즐겁게 살면 아이들도 자연히 본받아 다음 세대가 바뀔 것이다. 그런 멋진 미래를 현실로 만들고 싶다.

나는 우연히도 자산을 잘 형성했기 때문에 그런 사회의 실현을 위해서 자산 형성 분야에서는 많은 사람들에게 도움이 되고 싶다고 생각하고 있을 뿐이다.

이 책이 더욱 행복한 라이프 스타일을 진지하게 생각하고 있는 모두, 그리고 그것을 실현하는 도구로 자산 형성을 활용하고 싶은 사람들에게 도움이 되었으면 좋겠다.